从脱贫攻坚到乡村振兴
热点时评与战略分析

■ 郭君平 曲 颂 著

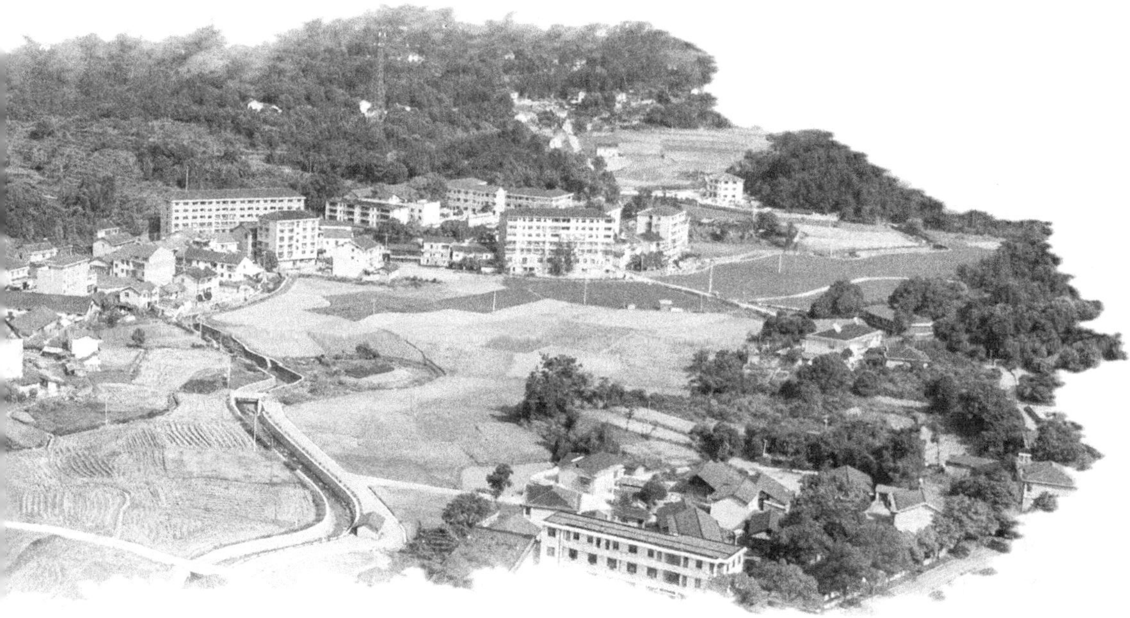

中国农业科学技术出版社

图书在版编目(CIP)数据

从脱贫攻坚到乡村振兴：热点时评与战略分析 / 郭君平，曲颂著. --北京：中国农业科学技术出版社，2022.11
ISBN 978-7-5116-5998-9

Ⅰ.①从… Ⅱ.①郭…②曲… Ⅲ.①农村-社会主义建设-研究-中国 Ⅳ.①F320.3

中国版本图书馆 CIP 数据核字(2022)第 207882 号

责任编辑　史咏竹　董定超
责任校对　李向荣
责任印制　姜义伟　王思文

出 版 者	中国农业科学技术出版社 北京市中关村南大街 12 号　邮编：100081
电　　话	(010) 82105169 (编辑室)　　(010) 82109702 (发行部) (010) 82109709 (读者服务部)
网　　址	https://castp.caas.cn
经 销 者	各地新华书店
印 刷 者	北京建宏印刷有限公司
开　　本	170 mm×240 mm　1/16
印　　张	11.5
字　　数	193 千字
版　　次	2022 年 11 月第 1 版　2022 年 11 月第 1 次印刷
定　　价	68.00 元

━━◀ 版权所有·翻印必究 ▶━━

作者简介

郭君平：中国农业科学院"院级青年英才"，农业经济与发展研究所副研究员、硕士生导师，主要研究方向为区域发展与减贫、农村土地制度等。迄今主持国家社会科学基金一般项目、国家社会科学基金青年项目、北京市社会科学基金一般项目、中国博士后基金项目（一等资助）、农业农村部软科学项目、北京社会科学界联合会青年人才资助项目、国家文物局一般项目、财政部中国亚太经济合作组织合作基金项目等国家部委课题20余项，参与国家社会科学基金重大项目、国家自然科学基金面上项目、教育部重点项目、世界银行项目、亚洲开发银行项目等20余项；在《中国农村经济》《中国农村观察》《农业经济问题》《农业技术经济》《中国人口资源与环境》《World Development Perspectives》《China Agricultural Economic Review》等专业核心期刊发表50余篇论文；在经济科学出版社、中国商务出版社、中国农业科学技术出版社等机构出版学术专著6部；获得省部级与副国级领导批示7项；获得农业农村部中青年干部交流征文一等奖、周诚农业经济学奖、中国农村经济年度优秀论文、农业经济问题年度十佳论文等各类荣誉奖项8项；注册软件著作权5项。此外，在《光明日报》《经济日报》《中国经济时报》《农民日报》《中国社会科学报》《湖北日报》《南方周末》等媒体发表30余篇时评。

作者简介

曲颂：中国农业科学院农业经济与发展研究所副研究员，管理学博士，入选"所级青年英才"培育工程，长期从事农村土地制度、区域发展与减贫等方面的研究。迄今主持国家社会科学基金青年项目、中央农办/农业农村部软科学项目、国家民族事务委员会民族研究项目、北京社会科学界联合会项目等课题10余项，参与国家社科基金重大项目、"948"项目（引进国际先进农业科学技术计划）、中国工程院高端智库项目等课题20余项；在《China Agricultural Economic Review》《World Development Perspectives》《中国农村经济》《农业经济问题》《农民日报》等期刊报纸发表论文20余篇；出版学术专著5部；注册软件著作权3项；主笔撰写的决策咨询报告6次获省部级领导批示；获中国社会科学院优秀对策信息奖三等奖。

序　言

党的十八大以来,以习近平同志为核心的党中央把解决好"三农"问题作为全党工作的重中之重,把脱贫攻坚作为全面建成小康社会的标志性工程,组织推进人类历史上规模空前、力度最大、惠及人口最多的脱贫攻坚战,经过8年持续奋斗,如期完成了新时代脱贫攻坚目标任务,现行标准下9 899万农村贫困人口全部脱贫,832个贫困县全部摘帽,12.8万个贫困村全部出列,消除了绝对贫困和区域性整体贫困。然而,脱贫摘帽不是终点,而是新生活、新奋斗的起点。2020年,习近平总书记在中央农村工作会议上明确指出:"在向第二个百年奋斗目标迈进的历史关口,巩固和拓展脱贫攻坚成果,全面推进乡村振兴,加快农业农村现代化,是需要全党高度重视的一个关系大局的重大问题。""脱贫攻坚取得胜利后,要全面推进乡村振兴,这是'三农'工作重心的历史性转移。"由于脱贫攻坚与乡村振兴之间具有一致性、递进性以及联动性的内在逻辑,"十四五"期间将在保持主要帮扶政策总体稳定基础上,逐项推进政策分类优化调整,合理把握调整节奏、力度和时限,统筹做好脱贫攻坚同乡村振兴在领导体制、工作体系、发展规划、政策举措以及考核机制等多方面的有效衔接,逐步实现从集中资源支持脱贫攻坚向全面推进乡村振兴平稳过渡。

民族要复兴,乡村必振兴。作为继脱贫攻坚之后又一大国家战略,全面实施乡村振兴战略是关系全面建设社会主义现代化国家的全局性、历史性任务,是新时代"三农"工作总抓手,其深度、广度、难度都不亚于脱贫攻坚,这是因为

序　言

农业农村现代化步伐总体滞后于快速发展的工业化和城镇化，农业质量效益与竞争力不强，以及城乡要素交换不平等、公共基础设施服务差距明显（"一条腿长、一条腿短"的问题比较突出），因此必须加强顶层设计，以更大力度、更实举措、更艰苦努力确保工作不留空挡、政策不留空白。近年来，从乡村振兴制度框架和政策体系基本形成，到农村人居环境整治三年行动方案目标任务基本完成，再到公共服务水平逐渐提升、乡村治理体系不断完善，乡村振兴实现良好开局。站在新的历史关口，目前乡村振兴已汇聚各方之力且到了全面展开之时。

从打响脱贫攻坚战开始到接续推进乡村振兴的实践中，涌现出许多人民群众关心且反映强烈的热点问题、难点问题和堵点问题。围绕这些问题涉及的不同主题，笔者发挥自然科学与社会科学交叉的优势，积极开展时事评论、学术研究和政策分析，为舆情引导和领导决策提供了智力支持。"古之作者寄身翰墨，以望声名自传于后；今之作者不敢奢求，但愿劳作有益当今。"有鉴于此，为免相关成果日后散落遗失，现将相关研究的一系列文章汇集成册以飨读者。

本书分为上下两篇。上篇是热点时评，可归纳为减贫防贫、农村土地、组织制度、乡村产业以及其他热点5个部分。其中，减贫防贫部分主要涉及扶贫手段、扶贫方式、扶贫干部、扶贫理念、扶贫特殊对象等主题；农村土地部分主要聚焦宅基地盘活利用相关问题；组织制度部分主要涉及农村集体经济组织、集体产权制度和村级小微权力监管等主题；乡村产业部分主要涉及乡村传统手工艺、粮油加工业、农业高质量发展等主题；其他热点部分包括乡村人才振兴、（农村）消费趋势、农村金融等主题。下篇是战略分析，可归纳为贫困治理、农村土地、产业发展以及其他专题4个部分。其中，贫困治理部分主要涉及扶贫方式和贫困类型；农村土地部分主要聚焦承包地（耕地）相关问题；产业发展部分主要涉及乡村旅游业、蔬菜产业、农产品流通业等主题；其他专题部分主要涉及乡

序　言

村振兴地方经验启示。

"一人难挑千斤担，众人能移万座山。"值此书付梓之际，谨向夏英（中国农业科学院农业经济与发展研究所研究员）、宁爱照（中国邮政储蓄银行总行）、赵一夫（中国农业科学院农业经济与发展研究所研究员）、钟钰（中国农业科学院农业经济与发展研究所研究员）、谭清香（中国社会科学院农村发展研究所助理研究员）、刘静（中国农业科学院农业经济与发展研究所研究员）、张宇（中国农业科学院农业经济与发展研究所副研究员）、刘璐（中国农业科学院农业经济与发展研究所科研助理）以及其他作出了贡献的专家学者致以衷心的谢忱！此外，需特别说明的是，本著作中的相关研究内容离不开国家社会科学基金项目（21BJY224）、北京社会科学基金一般项目（20LLGLC066）和中央级公益性科研院所基本科研业务费专项（1610052022019）等的资助。

郭君平　曲颂

2022 年 5 月 20 日

北京·海淀

目　录

上篇　热点时评

减贫防贫 ·· 3
　以大数据应用助力脱贫攻坚 ··· 3
　参与式社区综合发展是精准扶贫重要抓手 ···································· 5
　消费扶贫须以优质优价农产品为保障 ··· 7
　应对脱贫一线干部职业倦怠须做到"四有" ··································· 9
　防贫保：守住脱贫成果，遏制贫困增量 ······································ 11
　全面推行"贫困预防"理念、举措正当时 ····································· 15
　谨防贫困边缘户"因疫致贫" ··· 17
　加快农民工"融城"须消除空间排斥 ·· 20

农村土地 ·· 22
　"宅基地换房"走出农村养老新路径 ·· 22
　宅基地共建共享照亮贫困户的安居梦 ··· 24
　宅基地建生产用房促创业就业扶贫 ·· 26
　借宅基地改革东风降低农村创业门槛 ··· 28
　宅基地改革的"嘉明实践" ··· 30
　闲置宅基地盘活利用的"困"与"谋" ··· 33
　防范和降低土地股份合作社运营风险 ··· 35
　又好又快推进高标准农田建设 ·· 37

目 录

组织制度 ··· 39
  农村集体产权制度改革的"大理试验" ·························· 39
  农村集体资产股份权能改革面临的难题 ·························· 42
  庆云精准分类科学推进盘活集体资产 ····························· 44
  农村集体经济须加大扶持力度 ·· 46
  新田地合作社"创"出为农服务新天地 ························· 49
  加快健全村级小微权力监督制约机制 ····························· 51

乡村产业 ··· 53
  乡村传统手工艺或成创业新"蓝海" ····························· 53
  "六字诀"助推质量兴农 ·· 55
  粮油加工业转型：以六大举措应对四大挑战 ·················· 57

其他热点 ··· 60
  激活乡村振兴的人才活力 ·· 60
  "十三五"期间中国消费呈七大趋势 ······························ 62
  让农村消费潜力充分释放 ·· 67
  以金融创新助"归雁"创业 ··· 70
  发展数字普惠金融　助力乡村振兴 ································ 72

下篇　战略分析

贫困治理 ··· 77
  中国开发式扶贫：经验、问题及启示——纪念改革开放40周年 ········· 77
  保险扶贫的"盐池经验"——以"2+X"菜单式"扶贫保"模式为例 ······ 83
  进城农民工子女的教育融合问题及对策研究——基于社会排斥视角 ········· 89

农村土地 ··· 94
  农村土地制度改革的"金川经验" ································· 94
  农村土地纠纷的量化评估与防控化解建议 ····················· 101
  土地承包经营权有偿退出的"苏州样板" ····················· 107

目　录

　　优化耕地占补平衡制度的思考 …………………………………………… 114

　　全域激活闲置农房的"柯桥经验" ………………………………………… 120

　　警惕农村新一轮违法占地建房"热"的"冷"思考 ……………………… 126

产业发展 …………………………………………………………………………… 133

　　"后疫情"时期乘势而上推动乡村休闲旅游提质升级 …………………… 133

　　新冠肺炎疫情对农户农旅收入的影响与应对建议 ……………………… 139

　　日本蔬菜产业发展及其启示 ……………………………………………… 145

　　做强做大做优冷链物流　促进农产品优质优价 ………………………… 152

其他专题 …………………………………………………………………………… 157

　　开封市实施乡村振兴的经验与启示 ……………………………………… 157

附　录

中共中央　国务院关于实现巩固拓展脱贫攻坚成果同乡村振兴有效衔接的
　　意见 ……………………………………………………………………… 161

上篇 热点时评

减贫防贫

以大数据应用助力脱贫攻坚[①]

近日,习近平总书记在主持中共中央政治局第二次集体学习时提出,"推动实施国家大数据战略""加强精准扶贫、生态环境领域的大数据运用,为打赢脱贫攻坚战助力"。此前召开的第四届世界互联网大会也首次开设了以"共享红利:互联网精准扶贫"为主题的分论坛,探讨如何加快弥合数字鸿沟,打赢脱贫攻坚战。以大数据和互联网技术为新引领的信息化扶贫,有望开启脱贫攻坚新阶段。

我国信息化扶贫工作始于1994年年底,经过20多年的不断探索与实践,已经取得了显著成效。当前,我国信息化发展进入新阶段,互联网加速普及,数字经济新业态新模式蓬勃发展。与此同时,信息化扶贫的内容、范围、对象、目标、形式及方法等也都出现了新变化,信息化扶贫的重要性、长期性和艰巨性更加突出。充分发挥互联网增量效应和大数据的乘数效应,构筑精准扶贫的新动能,有助于顺利实现2020年既定脱贫目标。为此,必须重新认识和诠释信息化扶贫,树立"信息化既是扶贫手段,更是脱贫内容"的全新意识,坚持目标管理与过程管理相结合,多措并举加快推进贫困地区信息化扶贫,提升减贫成效。

从实施层面看,信息化扶贫可以多形式、多目标齐头并进。例如,通过大数

[①] 本文原载于2017年12月20日《光明日报》,作者为郭君平。

上篇 热点时评

据精准、动态、科学管理扶贫工作,增强政府贫困治理能力;通过推进农村电商交易平台全覆盖,提升农产品流通效率;通过发展远程网络教育,让"老、少、边、穷"地区学生共享更多优质数字教育资源;通过农业信息化技术促进农业提质增效,增加贫困户经营性收入;通过发展远程医疗补齐贫困地区医疗服务短板,遏制因病致贫、返贫;通过搭建"互联网+"社会扶贫供需平台,提高脱贫需求主体与扶贫供给主体的匹配效率。与此同时,还应加强对信息化扶贫的过程管理。注重建档立卡信息采集和扶贫对象的动态调整,突出"精准性";用信息化手段促进社会扶贫供给与贫困人口帮扶需求无缝对接,让帮扶更有针对性和适配性。

当前,各地政府对信息化扶贫的认识并不统一,不少政府部门仅仅把信息化视为扶贫手段,而忽视了其作为脱贫内容的重要内涵。未来,应借鉴"智慧城市"建设管理经验,推进"智慧农村"建设,从农村群众关注的政务管理、教育、医疗、留守家庭关爱等热点、痛点问题入手,持续引入城市信息化建设成果,使城镇的优质服务资源逐步向农村延伸,实现均衡共享,持续提升农村地区的综合治理和社会服务水平,确保完成"到2020年基本公共服务主要领域指标接近全国平均水平"的目标。

新时代,信息化扶贫代表了扶贫开发的新趋势,既是推动乡村振兴战略的重要抓手,也是决胜全面小康的新杠杆。为充分发挥信息化的先导力量和驱动作用,凝聚全社会力量,逐步改善民生、消除贫困和实现共同富裕,未来还应全方位、多层次探索贫困地区信息化扶贫能力建设的中国命题,不断为精准扶贫创造新模式、开辟新路径。

减贫防贫

参与式社区综合发展是精准扶贫重要抓手[①]

作为解决区域性整体贫困的重要减贫方式之一,参与式社区综合发展主要以列入有关部门外资项目引进计划、中央或地方政府"整村推进"计划和国家机关单位对口帮扶计划的贫困村为瞄准单元,以充分调动群众的积极性、创造性和参与性为重点,以基层组织建设为突破,以实现农村纯公共产品或混合公共产品的有效供给为目标载体,通过整体改善贫困社区的生产生活条件、提高贫困村户的发展能力来减缓贫困。其实践意义在于,能够统筹兼顾扶贫精度、效益和成本;优化贫困村生态环境,将环保与开发置于同等重要位置;克服单一贫困家庭发展的资源约束;增强贫困村民的生存和生产能力;创造就业、创业机会,扩大增收渠道;提供基本社会服务,推动城乡公共服务均等化;缩小农民收入两极分化,巩固基层政权等。

各级地方政府应坚持"以区域发展带动精准扶贫,以精准扶贫促进区域发展"的理念,着力改进并全面推广以贫困村居民为目标人群的参与式社区综合发展减贫方式,以解决精准扶贫的系统性、整体性和长效性问题。

第一,优化参与式社区综合发展的扶贫项目结构。着重抓好两点:一是不断拓展农村教育的广度和深度,增加技术技能培训项目,帮助更多农民牢固树立"终身学习"思想,进而改造贫困文化和消除文化贫困。二是依托基础设施建设项目,尽可能提供一些房屋配套设施,以减轻农户尤其是贫困户的建房负担;同时,严格执行农村危房改造建设标准,指导农民处理好"量力而行"与"尽力而为"两者间的关系,避免陷入因"房"致贫、因"房"返贫的境地。

第二,创新参与式社区综合发展的农户参与机制。一方面,重视脱贫主体观

[①] 本文原载于 2018 年 6 月 2 日《农民日报》,作者为郭君平和曲颂。

念的转变和主观能动性的内在培育,将参与式方法贯穿于扶贫项目的识别、规划、设计、实施、监测、验收和评估全过程,引导贫困户立足自身优势,找准发展方向,增强致富信心和决心,实现借力外部帮扶与激发内生动力有机统一,打破恶性循环,跳出贫困陷阱。另一方面,聘请独立第三方监测、评估低收入农户参与的真实性和可靠性,提高贫困户参与广度和深度,落实贫困户的扶贫主体地位,避免诸如签字盖章的"形式主义"。

第三,全面开发参与式社区综合发展的多种功能。伴随经济社会环境的不断变化和贫困监测、扶贫效率要求的日益提高,参与式社区综合发展既要保持甚或增强其脱贫增收功能,更应坚持扶"业"与扶"人"并举,尝试从收入、交通、就业、健康、社会融合、社会信任以及脆弱性等多个方面对贫困户进行更广范围、更深层次的多维立体扶助,以充分挖掘其"贫困预防"作用。与此同时,着力提高其事后"治贫"和事前"防贫"的精准性,在平衡扶贫效益和扶贫成本的条件下,尽可能减少"漏出效应"和"溢出效应"。

减贫防贫

消费扶贫须以优质优价农产品为保障[①]

"众人拾柴火焰高",消费扶贫是社会力量参与支持脱贫攻坚的重要途径。近年来,国务院扶贫办、国务院办公厅相继出台相关指导意见,将消费扶贫纳入国家脱贫攻坚政策体系,至此各地每年在"扶贫日"前后掀起消费扶贫新高潮。

深入开展消费扶贫,既有利于扩大贫困地区农产品产销对接规模,将生产能力转化成经济收入,也有助于倒逼贫困地区调整农业产业结构,提升农产品供给水平和质量,还可避免福利陷阱、养懒汉等弊端或负面效应。

当前,贫困地区农产品结构性过剩与短缺并存,主要呈现"六多六少"特征,即初级、粗加工农产品多,精深加工农产品少;一般性农产品多,特色、功能性农产品少;低端农产品多,中高端农产品少;无牌、杂牌农产品多,名牌农产品少;单一农产品多,系列农产品少;非标准化农产品多,标准化农产品少。

国内农产品的市场需求主要表现出"五化"特征:一是特产化,消费者对农产品的产地偏好愈来愈凸显。二是精致化,农产品外形和包装的美观度、醒目度越来越受到消费者的关注。三是功能化,不少消费者开始寄希望于通过食用特定农产品来达到美容养颜、增强免疫力、防癌抗衰等效果。四是差异化,不同消费者对同类农产品的口感、等级、规格、品牌等方面的选择性差异凸显。五是便捷化,消费者逐渐青睐那些既能带来方便体验,又可通过技术手段保持生物活性和效力的农产品。

相较而言,贫困地区农产品供需错位、失衡问题较为严重。而且,由于农产品市场信息不对称、同质化无特色、营销渠道不通畅、价格政策不合理以及监管不到位,致使贫困地区农产品普遍存在"优质不优价""优价不优质"以及"不

[①] 本文原载于2020年5月27日《中国城乡金融报》,作者为郭君平和曲颂。

优质不优价"等问题。其中,"农产品优质不优价"包括两种情况:一是贫困地区某种农产品的质量显著优于其他同类农产品,但价格相差无几;二是贫困地区某种农产品的质量显著高于其他同类农产品,但其价格也过多地高于其他同类农产品,存在不合理溢价。"农产品优价不优质"是指贫困地区某种农产品的价格接近或高于其他同类农产品,但质量却过分低于其他同类农产品。"农产品不优质不优价"是指贫困地区某种农产品的质量低于其他同类农产品,但价格却显著高于其他同类农产品。对以上现象或问题,若不加快解决,将会刺激贫困地区生产者(含贫困户)发生道德风险行为,引发消费者逆向选择,导致价格信号失灵,农产品陷入"柠檬市场"困境。

综上考量,要真正通过消费扶贫让供需两端均受益,且使群众有更多获得感,实现农产品优质优价尤为必要,可从以下5个方面着手。

第一,加大贫困地区项目资金投入和政策倾斜力度,着力构建以县级物流配送中心、乡镇配送节点、村级公共服务点为支撑的农村配送网络,突破交通、地理条件等限制,降低农产品冷链物流成本。

第二,以优质、安全、绿色为导向,促进贫困村地理标识农产品的认证和登记,扩大特色农产品质量追溯覆盖面,强化产销两地监管信息共享、协调对接。

第三,围绕特色粮经作物、畜产品、水产品、林特产品等,优化农产品品种和区域布局,明晰重点培育特色农产品目录,在"立足少而强、不搞小而全"的基础上,提升农产品规模化、组织化供给水平。

第四,制定区域性扶贫产品标识,采取共享共用共推等方式,合力打造区域性特色农产品品牌,提高贫困地区特色农产品辨识度、知名度和美誉度。

第五,严厉打击假冒伪劣、以次充好、夸大宣传等损害优质农产品正常交易的行为,及时"曝光"贫困地区生产、销售假冒优质农产品的经营主体。

减贫防贫

应对脱贫一线干部职业倦怠须做到"四有"[①]

脱贫一线干部是确保扶贫政策精准落实到位的"尖兵",是增强贫困群众获得感、幸福感的骨干力量,是党与贫困群众紧密联系的桥梁和纽带。然而,随着脱贫攻坚的不断深入,面对"苦、累、难、险"的工作,少数脱贫一线干部的职业倦怠问题日益突显,加强应对力度已刻不容缓。

当前,脱贫一线干部的职业倦怠主要表现为情绪低落、消极怠慢、成就感降低,甚至沾染上"庸、懒、散"作风等,其原因有六:一是问责处分过于频繁且扩大化,脱贫一线干部常处于"风口浪尖",干事创业缺乏"安全感"。二是收入水平偏低(机会成本高),家庭赡养负担重。三是任务繁重紧迫,长期承受很大的精神和身体压力,加之缺乏自我调节手段,无助、紧张、焦虑等负面情绪得不到有效缓释和纾解。四是低效、无效甚至负效劳动多,诸如扶贫不看实效看资料、督导考核层层加码、评价方式生硬刻板等现象比较普遍。五是超时加班,"5+2""白+黑"成常态,与父母、伴侣、子女之间缺乏必要的交流、沟通时间,亲情陪护不足。六是个人兴趣、才能与岗位要求错配,以致事业发展难见起色。

要改变此种状况,必须做到"四有"。政治上有激励,完善职务晋升激励机制,大力发现、培养、选拔干部,让脱贫一线干部有盼头、奔头。待遇上有保障,重视脱贫一线干部的物质实惠,适当提高工资、津贴与补贴,解决后顾之忧,使其下得去、待得住、干得好。心理上有关怀,一是加强舆论宣传引导,增进广大群众和家属对脱贫一线干部的理解、宽容及支持,消除后者内心的失落感、愧疚感和不安,使其能够全身心地投入和专注于本职工作;二是优化脱贫一线干部培训体系,加强心理健康教育,助其了解心理活动规律,打造个人情绪

[①] 本文原载于2018年10月14日《农民日报》,作者为郭君平和曲颂。

上篇　热点时评

"减压阀"。工作上有支持,一是理顺工作流程,改进工作作风,减少不必要的"文山会海",避免时间遭到无谓的侵占和耗费,保证脱贫一线干部能劳逸结合、张弛有度;二是优化用人机制,提高人才与岗位匹配度,最大限度激发、提振脱贫一线干部的热情和士气;三是建立健全容错纠错机制,防止考核过多过滥和"一票否决"泛化,为敢于担当的干部"解套松绑"。

脱贫一线干部的职业倦怠不仅关乎个人身心健康,更关乎脱贫攻坚工作的质量与效率。因此,上级部门对那些奋战在扶贫一线的干部队伍既要严管更应厚爱,慎拿"放大镜"挑问题,勿用"望远镜"看成绩,多了解其"痛点""堵点",多给予其一份尊重、关心和信任。

减贫防贫

防贫保：守住脱贫成果，遏制贫困增量[1]

脱贫摘帽后，如何巩固脱贫成果、防止返贫成为当务之急。"防贫保"重点关注处于贫困边缘的农村低收入户和人均收入不高不稳的脱贫户两类临贫易贫人群，聚焦因病、因学、因灾（自然灾害和意外事故）、因市场波动等致贫返贫关键因素，可有效助力建立长效防贫减贫工作机制。

2020年11月23日，贵州省政府新闻办召开发布会，宣布紫云县、纳雍县、威宁县等9个县退出贫困县行列，至此，贵州全省66个贫困县全部实现脱贫摘帽。这也标志着全国832个国家级贫困县全部脱贫摘帽。

脱贫攻坚以来，我国已经实现了近亿贫困人口的脱贫。如此大规模的减贫之后，还需要通过一系列工作巩固脱贫成果，防止返贫。为探索建立长效防贫减贫工作机制，充分发挥商业保险在助力脱贫攻坚和全面建成小康社会方面的作用，"防贫保"应运而生。

"防贫保"是从源头上筑牢预防贫困发生的基础防线，是继基本医疗保险、城乡居民大病保险、商业保险以及民政救助之后的第五道保障防线，可有效消除因病、因学、因灾、因意外等常见致贫返贫因素，切实提高脱贫防贫质量。在后扶贫时代，"防贫保"的使命并不会因如期实现脱贫摘帽而结束，而是转化为"防贫防返贫"的新阶段，其地位和作用将愈发凸显。

破解"沙漏式"扶贫难题

2017年10月，针对非贫低保户和非高标准脱贫户存在的边脱边返、边扶边增的"沙漏式"扶贫难题，河北省邯郸市魏县县委、县政府联合太平洋产险河

---

[1] 本文原载于2020年11月25日《南方周末》，作者为郭君平和谭清香。

北分公司推出了业内首款商业性防贫保险产品"防贫保"。

"防贫保"由政府主管部门牵头,根据当地防贫工作标准制定防贫扶助政策,确定防贫救助线;由地方政府出资为参保对象投保,保险公司根据政府需求制定保险方案,提供理赔服务;以非贫低收入户和非高标准脱贫户两类临贫、易贫人群为对象,针对因病、因灾、因学因素分类设置防贫保障线和救助标准。当受助群体因以上3种原因导致家庭收入低于防贫保障线时,保险公司就启动核查程序,对自付费用或损失超过标准部分分段实施救助。

截至今年10月底,中国太保"防贫保"项目已在全国26省(区、市)的近600个区县落地。此外,中国人民保险集团股份有限公司、中国人寿保险(集团)公司等保险公司也与地方政府合作,聚焦因疾病、自然灾害、意外或子女就学等原因造成的致贫返贫问题,以及因灾、因价格波动冲击扶贫产业致贫返贫问题,推出了系列"扶贫保"相关产品。

"防贫保"以"风险保障"为立业之基,重点关注处于贫困边缘的农村低收入户和人均收入不高不稳的脱贫户两类临贫易贫人群,聚焦因病、因学、因灾(自然灾害和意外事故)、因市场波动等致贫返贫关键因素,可破解一边奋力脱贫一边致贫返贫的"沙漏式"扶贫难题。其本质是将商业保险的机制引入扶贫防贫工作中,通过"个人参保+政府补贴+市场化运作"方式,确保防贫工作公开透明、规范有序地开展,发挥保险的"安全带""保护网"作用。

在脱贫攻坚决战完胜全面收官之年,防止返贫致贫、遏制贫困增量是当务之急和重中之重。近期,全国脱贫攻坚奖表彰大会暨先进事迹报告会在京举行,会议传达学习了习近平重要指示和李克强批示。习近平总书记指出各地区各部门要多措并举巩固脱贫成果,李克强总理强调要对存在返贫致贫风险人口提前加强针对性帮扶。在此新形势新要求下,全面推广"防贫保"或是因应之策。

对充分发挥"防贫保"作用的建议

地方实践证明,"防贫保"具有契约明确、杠杆效应、经济补偿功能以及社会管理功能等其他扶贫措施不可替代的比较优势,可分类设置精准防贫办法,建立近贫预警、骤贫处置、脱贫保稳的防贫机制,筑牢返贫致贫风险"防火墙",

守住来之不易的脱贫成果。诚然，当前"防贫保"仍有短板待补，如产品创新不足、理赔手续复杂、赔付水平不高等，以致临贫易贫户"不解渴、不管饱"，而如何让"防贫保"更广泛、更好地发挥作用，还需在舆论宣传、产品扩围、服务升级、机制健全、政策扶持、组织经费保障等方面下功夫。

建议一：提升"防贫保"社会影响力。大力拓展媒介渠道，充分利用主流媒体及各种有效途径，多层次、多形式、大范围宣传普及保险理赔知识，增强临贫易贫户的风险防御与保险意识，为开展"防贫保"创造良好的外部环境。同时，积极挖潜扶贫部门的基层组织网络优势和保险机构的专业优势，系统宣讲传播"防贫保"惠农政策及对参保家庭的益处，提高临贫易贫户学保险、懂保险、用保险的能力和水平，消除认识盲点和误区，实现"花小钱、保大钱"。

建议二：动态调整"防贫保"产品清单。根据扶贫政策转变及临贫易贫户实际风险预测等情况，指导保险机构加快开发、推广更多接地气、受欢迎且带贫益贫能力强的"扶贫保"产品，建立可适时更新的"2+X"菜单式产品目录清单。其中，"2"是指家庭综合意外伤害保险和大病医疗补充保险，属于基础险；"X"则包括农业风险保、养殖基础保、金融信贷保、教育升学保、政府救助保或误工损失补贴保等，属于选择性险种，供临贫易贫户自主择定。

建议三：强化"防贫保"服务效能建设。坚持以人为本，以服务意识拔高站位、服务质量提档升级、服务形式精准高效的工作理念，按照"简化手续、优化流程、快捷赔付"的准则，提供免报案、免申请、免等待、免临柜、免资料的"五免"服务，最大程度缩短从个人申报、调查核实、结果转交、公示评议、审批备案到支付补偿的整个理赔流程，切实做到"让数据多跑路，让群众少跑腿"。

建议四：健全"防贫保"长效运行机制。一是构建防贫保险联动体系，包括建立县级统筹机制、市场运作机制和严格监管机制。二是合理划定两条防贫界线。通过"预警监测线"筛选出临贫易贫潜在人群名单，纳入重点监测防贫对象；通过"防贫保障线"给符合条件的防贫对象发放防贫保险金，落实"一帮一"帮扶计划。三是明确防贫保险金发放标准。根据防贫对象的不同致贫或返贫原因，分别确定防贫保险金的起付线、赔付档次和赔付标准。

建议五：加大"防贫保"政策支持力度。打赢脱贫攻坚战须采取超常规举措,出台更给力的税收优惠、风险补偿等奖补政策,让保险机构"轻装上阵",激发其投保积极性和理赔及时性,形成可持续发展的长效机制。对于临贫易贫户,除"应保尽保"外,也要加大保费补贴力度,尽量让他们不掏钱、少掏钱,为他们筑起贫困线上的屏障。

建议六:落实"防贫保"组织经费保障。一方面,政府相关部门要进一步转变思想观念,将"防贫保"工作摆上防贫减贫的重要位置,切实加强组织领导,明确责任分工,统筹部门协同。另一方面,地方财政部门要牵头建立"防贫保"预决算制度,按规定足额安排本级保费补贴,并根据承保进度及时拨付承办机构,同时对资金使用情况开展监督管理和绩效评价。

在当前全国 832 个国家级贫困县全部脱贫摘帽之际,谋划好巩固拓展脱贫攻坚成果同乡村振兴有效衔接是当务之急。建议地方政府和保险公司进一步丰富和完善"防贫保"产品,并运用人工智能、大数据、物联网等先进技术扩大其覆盖范围和适应能力,深耕"扩面、增品、提标",精准保到"点"上、保到"根"上,进而为临贫易贫户全方位预防和化解返贫风险,助其远离"贫困陷阱"和阻断贫困代际传递。

减贫防贫

全面推行"贫困预防"理念、举措正当时[①]

党的十八大以来,以习近平同志为核心的党中央将扶贫攻坚任务上升到新的战略高度,在实现"全面建成小康社会"第一个百年奋斗目标的关键阶段,将"精准扶贫"作为当前及今后一个时期中国贫困治理的指导思想,既体现了认识论与实践观的高度统一,也为全国各条战线齐心协力开展扶贫攻坚工作发出了总动员,一系列针对性强的"滴灌式"扶贫创新举措密集出台,使很多地区的贫困群众不断获得真正实惠。然而,个人或家庭所处环境中始终存在各种生计风险,自然灾害、经济危机、健康打击、家庭结构变化、失业等因素都会降低个人或家庭福利水平,使非贫困人口陷入贫困,使贫困人口陷入永久贫困。作为农村社会的最小生计单位,中国农户承受着多重生计风险,虽采取各种应对策略,但其福利状况仍可能遭受损失,尤其是贫困农户因缺乏有效应对风险的能力,更易陷入生计、健康、子女受教育这"三无保障"的困境,从而长期处于贫困脆弱状态。

在未来相当长一段时期内,我国反贫困工作面临的一个巨大挑战是贫困地区农户抵御风险能力孱弱,返贫现象多发,而解决此棘手难题不仅要事后准确识别、度量农户的贫困状况,还需对农户未来贫困进行有效的事前干预,以"防贫"于未然。以往各国在制定扶贫战略时,多采用本国官方贫困线和世界银行公布的国际贫困线来测算辖区内贫困人口与贫困程度。这种传统的贫困测量以及由此制定的减贫政策是一种"事后干预",只能亡羊补牢,不具有前瞻性,无法在贫困发生之前阻击贫困。进入20世纪90年代后,国际社会对"贫困事前干预"的呼声越来越高,愈来愈多的研究认为应关注事前状况——贫困脆弱性,一种将

[①] 本文原载于2017年7月17日《中国经济时报》,作者为郭君平、曲颂和夏英。

风险引入贫困分析并度量一个家庭或个人未来陷入贫困概率的指标。换言之，唯有通过事前干预，才能有效减少慢性贫困，相应政策更具"可持续性"。

及至21世纪，国内外更多学者认识到考察风险和脆弱性才是认识贫困的关键。2001年，世界银行曾指出"贫困"除了指以收入为主要度量的福利水平较低以外，还包括各种外部不利冲击导致的贫困脆弱性，究其原因在于贫困群体的波动性较强，大部分农户陷入贫困通常是突然遭受自然灾害和风险冲击所致，不少刚脱贫的群体也因相同或相似遭遇而致使脆弱性加重或返贫。从我国贫困治理实践来看，以往国家扶贫开发的政策制定和制度设计，主要依据国家统计局公布的贫困测度指标，但是这些指标缺乏预见性和动态性，致使现行反贫政策或制度因未考虑农户家庭未来福利及相关风险冲击而不具贫困预防性。

有鉴于此，政府扶贫部门既要关注当前贫困，更应宣传、深化"贫困预防"理念，动态监测农户贫困脆弱性，尽早从贫困脆弱性视角探索、创新并大范围推行精准"防贫"方式（如扶贫小额保险）或一些事前干预举措，以增强扶贫开发政策的有效性与可持续性，以及降低政策的实施成本和社会成本。当然，学术界或智库也应加强精准"防贫"理论研究工作，为政府转变扶贫理念、科学决策提供智力支持。

减贫防贫

谨防贫困边缘户"因疫致贫"[①]

突如其来的疫情有可能会让部分贫困边缘户坠入贫困户之列,进而诱发新增贫困人口规模扩大的风险。为将贫困边缘户致贫风险化解在萌芽和初始阶段,或阻遏小风险、个别风险酿成大风险、综合性风险,地方政府须主动作为,不断创新工作思路,细化工作做法,尽快建立补差型、平衡型帮扶机制,着力提升贫困边缘户抗疫能力。

近日,国务院总理李克强提到"有6亿人每个月的收入也就是1 000元"引发关注讨论。这"6亿人"当中,有一部分人属于贫困边缘群体。今年是脱贫攻坚决胜之年,这要求我们在减少贫困存量的同时,一定要严防贫困增量,尤其是要严防贫困边缘户"因疫致贫"。

加强贫困边缘户帮扶是减少新生贫困、巩固脱贫成果的当务之急。一方面,贫困边缘户致贫风险高。由于生计资本薄弱、可行能力不足或缺失,贫困边缘户兼具明显的弱质性、摇摆性特征,仅依靠自身力量难以实现增收致富,受到新冠肺炎疫情的影响,容易成为新生贫困的高发群体。另一方面,贫困边缘户群体规模大。据国务院扶贫办摸底测算,2019年年底约有300万名贫困边缘人口。

加强贫困边缘户帮扶是促进社会公平、维护社会稳定的必要手段。贫困边缘户生计状况的脆弱性与贫困户相近,但两者享受到的政策福利有一定的差距,以致出现"悬崖效应"和"福利陷阱"。若这种政策执行的负外部性长期不疏导消除,不仅会诱发群体相对剥夺感,还可能激化贫困边缘户与贫困户、一线扶贫干部等群体之间的矛盾,造成乡村社会生态侵蚀、基层治理风险加剧、党和政府公信力下降等危害,甚至有可能会危害社会和谐稳定。

[①] 本文原载于2020年6月10日《农民日报》,作者为郭君平、李思经和刘合光。

上篇　热点时评

加强贫困边缘户帮扶是预防绝对贫困、治理相对贫困的重要抓手。2020年打赢脱贫攻坚战后，中国扶贫将开启战略性改革：一是政策导向由"事后减贫"向"事前预警、事中帮扶"（从"防"上下功夫）转变；二是工作重点和难点从消除显性的原发性绝对贫困向解决隐性的次生性相对贫困转变。在此新形势、新背景下，贫困边缘户将随之成为国家精准防贫政策和缓解相对贫困机制的重点瞄准群体之一。

决战时刻，应有非常之举；遭遇疫情，当有防贫之策。如此，方可蹄疾步稳，持续提升脱贫质量和成色。突如其来的疫情有可能会让部分贫困边缘户坠入贫困户之列，进而诱发新增贫困人口规模扩大的风险。为将贫困边缘户致贫风险化解在萌芽和初始阶段，或阻遏小风险、个别风险酿成大风险、综合性风险，地方政府须主动作为，不断创新工作思路，细化工作做法，尽快建立补差型、平衡型帮扶机制，着力提升贫困边缘户抗疫能力。

第一，线上调查、线下走访双管齐下，强化摸底排查。组建县、乡两级干部调查小组，对有致贫风险的贫困边缘户开展"线上线下"精细摸底排查。"线上"，依据教育、医保、住建、民政等部门数据信息，找出因"疫"存在致贫风险的贫困边缘户疑似名单。"线下"，由驻村工作队员组织村"两委"干部，对照贫困边缘户的判定标准进行入户调查核实。如此两相结合，针对排查确定的初步名单及相关致贫情况进行比对，然后将其中致贫风险较高的贫困边缘户名单列示出来，由乡镇开会审议后报县级审定。

第二，稳定嵌入区域产业链和价值链，强化产业带动。始终将产业发展作为持续增收的突破口，在充分尊重贫困边缘户自主选择项目并综合考虑劳动力、产业技术的基础上，探索创新带贫机制，因地制宜选择"企业+基地+贫困边缘户""企业+合作社+贫困边缘户""政府+企业（合作社）+贫困边缘户"等不同模式，尽可能将更多贫困边缘人口稳定地嵌入产业链和价值链，助其远离"贫困陷阱"。

第三，就地设岗、外出返岗双轮驱动，强化就业帮扶。一方面，积极开发村级临时性公益岗位的同时，发动本地龙头企业、合作社、扶贫车间等设立非固定性岗位，让滞留在村的贫困边缘劳动力就近就业。另一方面，通过落实差异化的外出务工交通补贴或"点对点""门对门"一站式送达等方式,组织帮助贫困边缘户劳动力安全有序复工返岗。

第四,创新金融服务方式与产品类型,强化金融支持。一是放宽信贷限制,对于申请扶贫小额信贷的贫困边缘户,允许其与贫困户同等享受政府贴息、贷款期限、基准利率等优惠政策,以满足其恢复生产的资金需求;二是打造特色农业保险、指数保险、人身意外险等一揽子全方位保险扶贫方案,覆盖人、财、物等诸多方面,通过政府购买服务的形式,从源头筑牢贫困边缘户致贫的"防火墙"。

第五,坚持"应保尽保、应救尽救",强化兜底保障。防疫常态化之下,对有特殊性、突发性、紧迫性困难且符合兜底保障条件的贫困边缘户,应实行全流程网上办理,简化申请材料,优化工作流程,缩短审查周期,通过网上信息核对、电话求证等方式核查其经济状况,并及时将这类群体纳入低保、特困供养、临时救助等保障性政策的覆盖范围,切实做到"不漏一户、不落一人",托住"救急解难"的底线。

上篇　热点时评

加快农民工"融城"须消除空间排斥[①]

促进1亿名农业转移人口落户城镇，是推进新型城镇化高质量发展的重要任务。时隔两年，10月10日，国家发展和改革委员会发布开展首轮督察《推动1亿非户籍人口在城市落户方案》的通知，旨在切实保障农民工在城市中定居落户，加快农民工市民化步伐。

农民工尽管生活居住在城市中，但其无论是在物理空间还是交往空间上均与城市主流社会存在隔离和疏远，即表现为城市空间的排斥，主要可从居住空间排斥、职业空间排斥和活动空间排斥3个方面衡量。从居住空间排斥看，农民工往往"同质抱团聚居"在城市中条件简陋、环境较差或区位相对边缘的住房里，这种"寄生空间"和"城市空间"产生的隔离，不利于增强农民工的城市归属感及其对城市社会的主动融入。从职业空间排斥看，同一籍贯或技能相当的农民工倾向于在某一行业"裹窝"就业，形成与市民的职业隔离，阻碍了工作空间上的互动交流，不利于农民工职业阶层的上升和经济地位的提高。从活动空间排斥看，农民工文化娱乐生活比较枯燥，较少参与社区活动和社会组织活动，缺乏与市民接触、交往及建立感情的活动空间，不利于农民工身份认同感获得和生活质量改善。

为消除农民工在城市中面临的空间排斥，促进社会融合发展，可从以下5个方面措施着手。

第一，重构平权、公正的制度空间。一是改革二元户籍制度，逐步剥离依附于户籍的身份标签、权利不等与区域歧视，进一步明确以居住证作为农民工享受城市公共服务的载体，探索建立区域间积分流转和户籍转移途径，打通从居住证

[①] 本文原载于2018年11月26日《农民日报》，作者为曲颂和郭君平。

到落户的制度通道。二是针对农民工群体的流动性、分层性特点，分类推进农民工城市住房保障和公积金制度，为农民工提供安身之所，改善农民工居住条件。三是探索建立进城落户农民工农村土地承包权、宅基地使用权和集体收益分配权有偿退出机制，增加农民工财产性收益，为其提供更多市民化资本。

第二，改善农民工聚居区设施，推进公共服务均等化。探索建立中央、地方、个人共同分担农民工市民化成本的分摊机制，加强农民工聚居的"城中村"、城乡接合部等区域的学校、医院、交通、文化与娱乐等配套设施，将教育资源、社会保障、医疗救助、社区管理等公共服务配置延伸至承载农民工生活实践的集聚区，拓展普惠式关怀，帮助和引导农民工进入居住平等的城市空间。

第三，鼓励适度混合居住，培育新型社区社会组织。合理、适度的混居可以为不同群体提供相互交往、相互了解的机会，有助于消除居住空间排斥。按照"大混居、小聚居"思路，将梯度混居和区域混居相结合，避免相邻空间里的阶层差距过大，差别化地、平缓地实现农民工与市民融合居住；并且充分发挥混合社区的地缘优势，培育发展以"趣缘"和"事缘"为联结的新型社区社会组织和团体，增进农民工与市民的接触与交往，帮助农民工适应现代城市社区生活。

第四，提升农民工专业人力资本，促进职业向上流动。在全社会教育程度普遍提高的情况下，以工作经验和职业技能形式体现的专业人力资本对提高就业能力的作用愈发明显。对此，加强农民工专业技能培训，拓宽职业技能资格考核和鉴定的范围，免费颁发国家职业资格证书认证农民工岗位技能，促进农民工职业向上流动；同时，推动就业岗位的开放与就业机会的平等，增加农民工与市民共同工作机会，促进就业空间融合。

第五，营造平等融洽的城市氛围，共建农民工社会认同。消除心理空间排斥，共筑城市空间的文化和符号，需要群体间在相互尊重、平等友善和多元价值认同的社会氛围中实现适应与融合。一方面，通过宣传、教育和培训等方式，提高农民工城市生活的素养和能力，增强其对城市的身份认同和文化认同；另一方面，通过正面的媒体舆论，积极传扬农民工的先进事迹，改变市民固有认知，增进对农民工群体的理解，将农民工视为新的社会阶层加以接受和认可。

农村土地

"宅基地换房"走出农村养老新路径[①]

近年来,随着城镇化的快速推进和社会老龄化的加剧,农村养老问题日益引起社会关注和讨论,多地也积极探索新模式、积累新经验。其中一些地方,经济社会发展较不充分,经济来源单一、抗风险能力较低,农村养老形势也相应地更为严峻。这些地方如何破局,满足人民群众的需求,无疑更值得思考,要求也更为紧迫。笔者在专题调研分析后认为,四川省泸州市泸县嘉明镇的做法和尝试,是值得参考和借鉴的样本。

自2015年以来,嘉明镇政府以宅基地制度改革试点为契机,针对鳏寡残疾老人和无儿女、无经济来源、无安全住房的"三无老人"等困难群体,在结合精准扶贫暨农村危房改造工作的基础上,创造性地开辟了"宅基地换房"养老的新路径。其核心经验和做法可以总结为三点:一是由镇、村主导,以腾退的宅基地建设用地指标,统规统建"安康公寓"、全面配套基础设施和特色经作园区,并给予就近务工安置等扶助;二是鼓励老人有偿退出原有宅基地,获得房屋残值补偿,以宅基地使用权置换"安康公寓"的居住权;三是保留老人宅基地资格权,使其可随时申请退出"安康公寓"另行选址自建。

从改革试点成效来看,嘉明镇试行的"宅基地换房"养老模式有力促进了

[①] 本文原载于2019年1月21日《光明日报》,作者为郭君平。

土地资源的合理优化配置，减少了宅基地闲置、低效甚至浪费，从而实现了土地的高效利用。这些成效和事实，在某种程度上是对嘉明镇改革尝试的肯定，其中也蕴含了一些启示。

弱化行政主导色彩，尊重老人真实意愿。"宅基地换房"涉及地方政府部门、开发商、村集体经济组织、老人等多重主体的利益，须科学深入地开展前期调查，积极宣讲政策法规，广泛征求意见建议。合理设定补偿标准，保障老人土地权益。用全面、历史、发展的眼光客观审慎地考量补偿标准，着力倡导在补偿房屋使用价值的基础上补足宅基地的现实性价值、期望性价值及其他相关价值，以最大限度化解农村宅基地退出、房屋拆迁过程中普遍存在的补偿不足问题。完善系列配套措施，维持老人生计安全。聚焦人文关怀，多措并举解决老人后顾之忧。

党的十九大报告提出："积极应对人口老龄化，构建养老、孝老、敬老政策体系和社会环境，推进医养结合，加快老龄事业和产业发展。"站在新的历史节点上，各地需坚持因地制宜、以人为本的原则，遵循"以我为主、博采众长、融合提炼、自成一家"的工作方针，蹚出各具特色的养老之路。

上篇　热点时评

宅基地共建共享照亮贫困户的安居梦[①]

"安民之道，在于察其疾苦。"自改革开放以来，我国农村居民住房状况得到显著改善，然而在广大贫困地区，尤其是以深山区、石山区、高寒区为代表的深度贫困地区，农户住房拥挤破旧、居住舒适度差以及防灾与安全水平低的现象依然存在。即使其中部分贫困家庭可获得国家危房补助，也无力拆旧建新或对房屋进行整体翻新、修缮和加固。据国家统计局监测，2017年贫困地区农户居住竹草土坯房的比重虽比2013年下降了3.8个百分点，但依然高达8.6%，而且还有一定比例的单身贫困"无房户"。

让贫困户实现"安居梦"，是脱贫攻坚"两不愁、三保障"工作的重要突破口，是全面建成小康社会的题中之义。随着宅基地"三权分置"改革试点的持续推进，以四川省泸州市泸县为代表的试点地区探索了宅基地共建共享模式，即在符合土地利用规划、村庄规划、生态规划和《农房建设管理办法》的前提下，落实集体所有权、保障农民居住权、放活宅基地使用权，允许一户或多户农户以合法的宅基地使用权（标准内的宅基地使用面积）入股，联合社会资本共同开发，出资方在约定条件下可获得一定年限的集体建设用地使用权。

从地方试点情况来看，作为宅基地用益物权的实现形式之一，宅基地共建共享，既可兼顾农户居者有其屋的愿望和建房出资方（包括社会自然人、社会团体或企事业单位）的用地需求，又能凸显宅基地的市场价值和财产性功能，增加农户和村集体的财产性收益，激发农村发展内生动力，缓解城乡财富分配不均等程度。宅基地共建共享模式的创新做法，需要严格遵循双方自愿、规划管控、平等协商、行政许可、纠纷仲裁等基本原则，围绕以下6个方面稳慎探索。

[①] 本文原载于2019年2月20日《人民日报》，作者为郭君平。

一是准入条件。重点核查宅基地提供方与建房出资方的资质是否满足要求，所用地是否符合土地规划用途管制，以及附带协议、方案等是否通过集体经济组织监证、村委会同意、镇级（县级）人民政府审批等。

二是开发方式。以农户为主体，可选择采用居住、商住或经营等方式，但须保证农户住有所居，人均住房面积可因地制宜确定一定标准（如30平方米/人）。同时，严禁城市资本下乡利用宅基地建设别墅大院和私人会馆。

三是收益分配。注重平衡集体、农户和出资方之间的利益。共建共享双方须承担所在地基础设施建设的开发成本，收取标准由村集体经济组织采用"一事一议"确定。出资方所分摊的土地面积若调整为集体经营性建设用地，须向村集体经济组织缴纳调转金；若用于经营性项目开发或中途改变房产的用途，须向县政府缴纳土地增值收益调节金。

四是产权分割。房屋建成后采取分割登记制度，农户使用的土地部分仍办理为宅基地使用权，出资方使用的土地部分按集体经营性建设用地与国有土地同权、同价、同能，执行标准是居住类70年、商住类（经营类）40年。

五是使用期间的流转。在土地使用期限内，出资方的产权经审批可按批准的用途和使用时限进行租赁、转让和抵押。

六是到期处置。使用期满后，出资方将宅基地使用权归还农户，房产按双方协议评估作价处理或协商继续有偿使用，共建共享的农户和村集体有优先购买权。到期房产未处理前，占用土地由出资方按土地市场价支付土地占用费。

"安得广厦千万间，大庇天下寒士俱欢颜。"未来，宅基地共建共享应以改善农村弱势群体的居住条件和发展能力为主线，重点协助解决贫困户、低保户、五保户、残疾人、孤寡老人、优抚对象等特殊人群的住房困难问题。对条件成熟的试点地区，鼓励先行先试、大胆探索，积累宅基地共建共享经验，树立先进典型，发挥示范引领作用；对条件尚不成熟的试点地区，坚持"摸着石头过河"与顶层设计相结合，确保改革积极稳妥有序推进。

上篇 热点时评

宅基地建生产用房促创业就业扶贫[①]

就业为民生之本,创业是就业之源。据人力资源和社会保障部调查,平均每1名返乡创业者约能带动4名就业者。通过创业扶持或创业带动,让"半劳力"贫困农民在家门口灵活就业,实现赚钱顾家两不误是精准扶贫的重要切入点和突破口。

2019年中央一号文件明确要求盘活建设用地重点用于支持乡村新产业新业态和返乡下乡创业。2018年1月17日的国务院常务会议指出,村庄建设用地整治复垦腾退的建设用地指标优先用于返乡下乡创业,允许利用宅基地建设生产用房创办小型加工项目。事实上,为支持返乡农民工创办小型加工项目,河南省早在2016年就对利用宅基地建生产用房亮起了"绿灯"。此项政策举措不仅益于盘活农村集体建设用地,严守耕地保护红线,促进农业健康发展,而且利于为创业者提供低成本的场地支持,增强就业扶贫成效。

从近年地方实践来看,利用宅基地建生产用房助力创业就业扶贫主要有3种形式:一是助力留守农民创业,以发展庭院经济(含家庭作坊)为主。自古农民即有利用闲置农房或院子发展家庭副业的传统,此后逐渐演变成兼具较高经济性、生态性以及抗风险性等特点的庭院经济。二是助力返乡人员创业,以开办小型加工项目为主。"昔日雁南飞,今朝凤还巢。"一直以来,中共中央、国务院对农民工、高校毕业生和退役士兵等人员返乡创业高度重视,制定了一系列扶持政策(如"回雁工程"),以期激活农村资源要素,促进农民就业增收。三是助力企业下乡创业,以设立扶贫车间、扶贫"微工厂"为主。贫困村通过集体统筹盘活闲置宅基地和招商引资,大力发展劳动密集型加工业,以吸纳贫困户、贫

[①] 本文原载于2019年4月17日《中国城乡金融报》,作者为郭君平和曲颂。

困边缘户、农村留守妇女和有劳动能力的老人就近就业，充分挖掘贫困地区人口红利。

时至今日，允许利用宅基地建生产用房创办小型加工项目还属于一个新生事物，很多地方对其运作、发展和管理仍在探索之中。诸如小型加工项目中"小型"的上限是什么？能否租用相邻的宅基地扩大生产规模？怎样防范违法私搭乱建现象滋生？这些问题亟待明确。为给农村创业者吃下"定心丸"，提供稳定的创富"根据地"，相关部门还需在"摸着石头过河"的过程中，坚持高标准、严要求，及时跟进各项配套措施，强化事前防范和事中事后监管，重点解决以下问题。

一是环保问题。开展环境影响评估，处理好有毒或腐蚀性气体、烟尘、粉尘以及废弃物，防止空气、水源、土壤、噪声等各类污染给村民带来危害。二是安全生产问题。加强宣传培训，提高加工机械操作者的技术水平和安全生产意识，装备有效的安全防护工具，杜绝人身伤害和机械事故发生。三是消防问题。按规定配备消防设施、灭火器材、消防安全标志等，加强易燃、易爆危险品消防隐患排查，以免引发火灾造成不必要的损失。四是劳动保障问题。既要规范劳资关系，规避克扣、无故拖欠或拒不支付农民尤其是贫困农民的劳动报酬等现象发生，也要破除制度藩篱和利益羁绊，将返乡下乡创业者纳入当地就业援助、社会保险和救助体系，防范创业风险。

民之所望，施政所向。今年政府工作报告首次提出"将就业优先政策作为宏观政策"，这一要求与允许利用宅基地建生产用房创办小型加工项目的精神内核高度契合，可实现让"创业者有巢可依，就业者乡愁有根"。未来，可引导、鼓励贫困地区立足资源禀赋和市场需求，将闲置宅基地优先用于特色农产品加工"双创"项目，以激发农业农村发展新动能，促进农业提质增效和农民持续增收。

上篇 热点时评

借宅基地改革东风降低农村创业门槛[①]

当前我国中、小、微企业的生存空间狭小,面临"用地难"或无地可用的窘境,加之因投资额小、创利税不多或达不到其他条件而无法进入县级以上工业集中发展区,致使有些企业铤而走险,违法占地,违规建设。近日,十三届全国人大常委会第十二次会议通过的《中华人民共和国土地管理法(修正案)》,明确鼓励农村盘活利用闲置宅基地,允许已进城落户的农村村民自愿有偿退出宅基地,这无疑为缓解返乡下乡人员创业用地难问题带来了福音。

随着经济社会的快速发展和农村基础设施条件的不断完善,农业农村投资的吸引力显著提高,农民工返乡创业的机会日渐增多,但相关平台尚不健全。为解决中、小、微企业用地难问题和搭建返乡农民工创业平台,四川省泸州市泸县喻寺镇做了有益探索,即由谭坝村股份合作社为实施主体,依照村民自治章程和发展规划,以宅基地腾退节余的建设用地指标,落地布局,调转入市,创办村级企业集中发展区——众创园。从实践成效来看,泸县谭坝村众创园的建设探索了村股份合作社经营集体土地、发展实体经济、壮大集体经济以及促农增收的实现路径,达到了利用土地激活农村新产业、新业态的目的,满足了中、小、微企业的发展需求,拓展了农村就业空间,为"三产融合"提供了要素保障。其创新做法如下。

强化规划引领,集中布局,严格资质审批。谭坝村按照战略型"多规融合"和技术型"多规合一"的要求,编制科学、合理、可操作的村庄规划,报县人民政府批准执行,为众创园落地提供了有力支撑。众创园第一期规划用地300亩(1亩≈667平方米,全书同),主要承接泸县北部5个乡镇的返乡农民工创业

[①] 本文原载于2019年10月9日《中国城乡金融报》,作者为曲颂和郭君平。

（以农产品加工为主）。同时，加强环境保护，建立企业审核制度，严禁脏乱差或高污染企业入驻。

以村股份合作社为主体，负责管理众创园。首先由村股份合作社按照规划择定众创园地址，对被征地村民小组给予补偿，并收回、注销土地承包经营权证；对被征地农民，按1万元/亩的标准作股入社。与此同时，村股份合作社将宅基地腾退节余建设用地指标调转为集体经营性建设用地，并在不动产中心办理集体经营性建设用地使用权证。村股份合作社取得土地使用权后，将土地入市以满足入驻企业用地需求，或以入股、自建、联建等方式发展村级企业。

兼顾集体和农民利益，合理确定分配方案。为鼓励村级集体经济发展和促农增收，泸县喻寺镇人民政府专项出台了众创园扶持文件，明确指出对众创园的企业创税留镇部分的净收益，以其80%作为村股份合作社的收入，并按股与被征地村民小组分红。分配方案以投入确定股份，按股分红，既将国家投入的基础设施和公共配套折价入股量化到农民，也把补偿后的土地按一定价格折资入股配给农民。

乡村振兴以产业振兴为首，而产业发展的关键在于放活土地、保障用地。总体来看，泸县谭坝村的众创园建设模式在保证土地所有权不变的同时，实现了使用权、经营权灵活多样，因而具有较大的复制、推广前景。贫困地区农村在学习借鉴时，须强调"四要"：一要配备强有力的村"三委"班子（村党支部委员会、村民委员会、村务监督委员会）和股份合作社能人；二要严格执行规划管控、环保管控、入驻监管等；三要利益分配以农民为主体，公平公开；四要分片布局村级企业，决不能"一哄而上"，更不允许"村村点火、户户冒烟"。

上篇 热点时评

宅基地改革的"嘉明实践"[①]

四川省泸州市泸县是全国农村宅基地制度改革试点县,泸县以嘉明镇为先行试点,创造性地推行了"宅基地换房"的助农安居举措,能够有效放活宅基地使用权,解决农村困难群众"住房难"问题。实施3年来取得明显成效,具有一定借鉴意义。

农村宅基地制度关乎农村经济发展与社会稳定大局。作为全国33个农村土地制度改革试点县(市、区)之一,四川省泸州市泸县嘉明镇在放活宅基地使用权、解决农村困难群众"住房难"问题方面做了有益尝试,取得了明显实效。

嘉明镇紧邻泸县县城,交通便捷,下辖11个村(社区)、12 643户、43 123人,其中,农业人口38 894人。全镇农业产业以粮食和蔬菜生产为主,农民收入以劳务输出为主,且有大量闲置宅基地和闲置房屋。2017年,嘉明镇农民人均可支配收入为15 524元,其中劳务输出收入占85%以上。

2015年10月,嘉明镇政府以宅基地制度改革试点为契机,坚持因势利导和以农民为本,在结合精准扶贫暨农村危房改造工作的基础上,创造性地推行了"宅基地换房"助农安居的举措——以合法的宅基地使用权置换"安康公寓"居住权,这对改善农民居住条件,优化配置土地资源,减少宅基地闲置、低效使用甚至浪费等具有积极作用。

实施3年来,嘉明镇共有74户鳏寡孤独、无人照料及无经济来源、危房且无能力建房等类型的贫困户参与了"宅基地换房",户均由此增加3.21万元财产性收入。据调查,另有110户农户表达了换房意愿。总体上,嘉明镇的创新做法如下。

[①] 本文原载于2019年1月16日《中国城乡金融报》,作者为曲颂和郭君平。

农村土地

组织有力,自愿参与。在深入村组农户摸底调查的基础上,通过广泛宣讲政策和征求农户意见,由农民自愿申请,有偿退出宅基地,所拆房屋复垦为耕地。补偿标准的制定原则是在补偿房屋使用价值的基础上补足宅基地的现实性价值、期望性价值及其他相关价值。具体包括两方面,一是房屋占地面积及园地按照每平方米20元的标准予以补偿;二是房屋残值补偿,不同房屋类型对应不同级别的补偿标准,其中,砖混及以上结构每平方米450元,砖瓦结构每平方米380元,土瓦及以下结构每平方米300元。

产权灵活,进退通畅。嘉明镇政府集中指标交易资金和危房改造资金,在镇内狮子村建设了3幢3层占地面积601平方米、建筑面积1 803平方米的农民"安康公寓"。此"安康公寓"的土地所有权归村集体所有,而土地使用权和房产权的归属则分为两种,一是房屋所有权和土地使用权均归农民,但不再享有宅基地资格权;二是房屋所有权和土地使用权均归村集体,农民免费入住且可保留宅基地资格权,若日后想自行建房,仍可随时申请退出"安康公寓",回原籍地重新免费分配宅基地或跨区有偿配置宅基地。

完善配套,保障生计。入住"安康公寓"的农民中符合条件者可申请转变为城镇户口,同等享受城镇低保。农民的原耕地承包经营权和宅基地使用权保持不变,耕地自愿交由集体经济组织统一经营或流转,收益归农民。为给予农民更多的人文关怀,不仅在"安康公寓"内配置了400平方米的医疗、文化活动、日间照料、农具房、服务间等公共服务设施,而且就近为每户提供0.3亩菜园地,以降低农民获取、使用生活资料的成本。对有劳动能力的农民,嘉明镇免费提供就业技能培训,并与当地刘氏泡菜集团、木耳专业合作社对接,让他们在力所能及的工种上,每人每天获得50~60元的工资性收入。

泸县嘉明镇以宅基地使用权置换居住权,扩大了农民对宅基地使用权的处置权和收益分配权,解决了农民尤其是贫困或特殊群体的"安居"问题,具有一定的推广价值和意义,符合经济社会发展规律,顺应了时代发展潮流。不过,"宅基地换房"模式有其适用范围和适用条件,而且还存在一些难题亟待解决,例如,农民生产生活成本增加、社区规划设计不科学、换房补偿标准偏低以及房屋产权缺乏法律保障等。

上篇 热点时评

展望未来,各地在借鉴、推行嘉明镇"宅基地换房"模式时,应在充分关切农民改善居住环境、拓宽就业空间、享有社会保障、享受公共产品、增加家庭资产、提升就业技能、享受文化娱乐、共享信息资讯、改善社区治安以及参与社会管理等需求的基础上,着重完善以下 8 个方面。

一是坚持"有利生活、方便生产、适度集聚"的原则,在区位选择、空间规划、房型设计、配套服务设施等方面充分尊重换房农民意愿。二是健全相关法律法规,力争在"宅基地换房"的每个环节做到制度先行、有法可依,保证公平公开公正。三是运用市场机制合理确定补偿标准,让换房农民享受土地增值收益,以最大程度减少经济损失。四是丰富换房补偿形式,如由农民自主选择"以房换房"(置换集中居住区公寓房)、"以房换钱"(一次性或者分期性)或"以房换租"(租住廉租房+货币补贴)等。五是保障换房农民的知情权、参与权,并基于民事主体的平等性赋予他们参与换房和如何换房的最终决定权。六是因地制宜引进和争取一批发展项目,拓宽就地就近就业渠道,促进换房农民增加工资性收入。七是丰富社区文化生活,加快转变换房农民的传统思维方式、生活观念和行为习惯,增强其归属感、认同感和幸福感。八是构建多层次社会保障体系,解除换房农民在最低生活保障、养老、医疗等方面的后顾之忧。

农村土地

闲置宅基地盘活利用的"困"与"谋"[①]

近年来,我国农村宅基地闲置问题日益凸显,引起广泛关注和重视。2018年,全国农村宅基地闲置程度平均达10.7%。我国农村闲置宅基地成因复杂,盘活利用对推动村容村貌整治、守住耕地保护红线、优化土地资源配置、缓解城市用地短缺等方面具有积极意义,目前正成为各地方政府开展土地整理的着力点。

闲置宅基地盘活利用所遇之"困"

闲置宅基地尚无法律明确界定。相关法律虽对闲置土地有所规定,但均未明确界定农村闲置宅基地,而且我国当前关于闲置土地流转的法律机制并未有效覆盖农村闲置宅基地。即相关法律法规的缺失,致使农村闲置宅基地的整治与管理处于"无法可依"状态。

闲置宅基地使用权制度脱节,收回困难。现行《中华人民共和国土地管理法》规定,非农业户口居民原有农村宅基地,房屋产权没有变化的,可依法确定其宅基地使用权。此规定保留了进城农民对原有农村宅基地的使用权,村集体无权有偿或无偿收回进城农民的闲置宅基地。现行《确定土地所有权和使用权的若干规定》强调,空置或房屋坍塌、拆除两年以上未恢复使用的宅基地,不确定土地使用权;已确定使用权的,由村集体报经县级人民政府批准,注销其土地登记,使用权收归集体。此规定未充分考虑闲置宅基地实际情况,致使其操作性不强,收回程序效率较低。

闲置宅基地退出与流转机制缺失,交易不畅。现行土地管理法律法规对农村闲置宅基地的退出条件、退出程序等缺乏制度性规定,而且缺乏有效的流转交易

---

① 本文原载于2020年6月6日《农民日报》,作者为曲颂和郭君平。

方式，宅基地盘活变资产的渠道无法打通。同时，在经济利益驱动下，不少农民私自将土地非法入市，自发形成宅基地隐形市场，加剧了土地权属混乱和产权纠纷隐患，增加了土地管理利用的难度。

闲置宅基地盘活利用脱困之"谋"

明确界定闲置宅基地范围。对已获批复而暂时无力建设使用的宅基地，若宅基地使用权人无其他宅基地，则不将其视为闲置宅基地；对已取得宅基地使用权，却长期未予使用且拥有其他宅基地的一户多宅情形，则将其长期弃置的宅基地视为闲置宅基地。

健全闲置宅基地信息登记制度。明确规定村集体拥有调查统计本村宅基地使用情况的义务，应依据户籍变化、使用权流转等情况进行动态登记与变更。在此基础上，构建县、镇、村三级闲置宅基地信息资料库，适时追踪、完善宅基地的闲置时间、闲置原因、户主身份等基本信息。

探索闲置宅基地腾退机制。合理设置农村宅基地的腾退条款，鼓励农民腾退多余宅基地。针对不同情况分别采取有偿收回、无偿收回、自愿收回、强制收回等相应措施，并根据不同生计类型农户采取适合的退出方式，给予农户充分合理补偿，最大限度保障农户的土地财产权益。

构建闲置宅基地市场流转机制。不同村庄的土地资源、人口规模和宅基地数量各异，可适当在一定地域范围（镇域或县域）内允许闲置宅基地在不同村庄农民之间自由流转；有经济能力的村集体可对进城人员的闲置宅基地按市场价格有偿收回，若本村长期无新增宅基地计划，则对其进行复垦。

农村土地

防范和降低土地股份合作社运营风险[①]

我国农村土地股份合作社诞生于20世纪80年代末90年代初的沿海发达地区，是指农户以承包地的经营权作为主要出资方式，将土地承包经营权转化为股权，并按照股份从土地经营收益中获得一定比例分红的土地合作经营形式，至今已有20多年历史。

作为农村集体土地所有制的有效实现形式，土地股份合作社既是资金化土地流转的重要方式，也是村集体经济组织的重要发展方向。然而，土地股份合作社在合作基础、产业选择方式、内部管理、运作方式以及利益分配机制方面迥异于其他类型合作社，迄今相关规范仍未统一明确，在实施过程中存在适度规模边界、行情波动、承租人道德诚信、社员退股退地、失地农民再就业、"内部人"控制和政经分离等诸多亟待破解的难题，除自然风险外，还面临规模风险、市场风险、契约风险、流动性风险、就业风险、治理风险等。为促进土地流转合作的稳定性和有效性，如何防范、化解前述风险？基于山东省泰安市东平县、江苏省苏南地区、北京市郊区、天津市静海区以及安徽省合肥市肥西县等地典型经验和创新做法，笔者提出可创设"1+1+N"风险防范模式。

"1+1+N"风险防范模式中，第一个"1"代表一套参照现代企业制度的法人治理结构，每个土地股份合作社均依法设立"三会"组织，民主选举理事会、监事会成员。第二个"1"指将支部建在"社"上。即依托土地股份合作社成立党支部，把党支部的政治优势、组织优势与合作社的经济优势、市场优势有机融合，让党员干部和成员代表参与管理，充分发挥其"科普员""指导员""示范员"以及"纠纷协调员"的先锋模范作用，密切党群、干群关系及合作社与村

[①] 本文原载于2017年4月21日《农民日报》，作者为郭君平和曲颂。

委会的关系，保证社务阳光透明，增强社员凝聚力。"N"表示多重锁住内外部风险和不确定性的关卡，主要包括以下几方面。

引入新型农业经营主体。将土地股份合作社与种养大户、家庭农场、龙头企业等新型农业经营主体相结合，通过"抱团"闯市场，提高抗风险能力。

实行"保底分红+二次返利"。农民以土地承包权入股旨在获得稳定的高收益或外部利润，这也是合作社的吸引力所在。为消除成员"带田入股"的后顾之忧，确保享受加工销售环节收益，土地股份合作社在保底分红的基础上，提高二次返利额度，实现锦上添花。

构建土地入股保险体系。引入政策性农业保险制度，同时设立政府风险补偿基金，每年从土地股份合作社盈余中按20%~30%的比例提取公积金、风险金，作为扩大再生产和"以丰补歉"的资金来源，确保成员"旱涝保收"。

设计农民再就业机制。失地农民在竞争激烈的劳动力市场中往往处于弱势地位，一旦就业、创业无门，只能依赖微薄的分红坐吃山空。因此，承租公司和有关部门须根据他们自身条件或通过技术技能培训等为其"量身"匹配就业岗位。

建章立制、规范管理。明确建社目的、经济性质、经营范围、股权设置、成员权利义务、组织机构及其职能、财务管理与盈余分配等内容；制定成员大会、理事会及监事会工作制度，完善日常管理、财务管理和盈余分配制度，依法设立成员账户，单独建账，确保合作社管理民主化、监督公开化、运营有序化。

强化司法保障职能。搭建农村综合产权交易、产权托管以及产权融资等服务平台，渐次将土地承包经营权、宅基地用益物权等各类农村产权纳入交易范围，采取措施保护双方合法权益和减少交易成本。

综上所述，土地股份合作社"1+1+N"风险防范模式既是增强农民和集体利益联结的积极尝试，又是开启农村集体经济提档升级的重要举措，还是促进"土地变资产、资金变股金、农民变股东"，让土地真正"活"起来的必要保障。这一模式还与2017年中央一号文件精神高度契合，值得借鉴。

农村土地

又好又快推进高标准农田建设[①]

国务院近日召开的常务会议指出,要以提升粮食生产能力为目标,着重从耕地保护、地力提升、高效节水灌溉、投入稳定增长机制以及用养结合的合理耕作制度等方面全力推进高标准农田建设。这一论述提纲挈领,既为2022年实现建成10亿亩高标准农田吹响了冲锋号,又为稳定保障1万亿斤(1斤=0.5千克,全书同)以上粮食产能指明了新方向。

高标准农田建设是农田水利基本建设的主阵地,是完善基础设施、提高耕地质量和保障粮食安全的必然要求,也是提升农业综合效益和竞争力、加快农业现代化的有效举措。现阶段,高标准农田建设面临诸多困境:一是农田基础与配套设施亟待完善。集中表现为农田水利工程保障水平偏低、机耕道路"窄、差、无"、输配电设施建设滞后、排涝成本高企等。二是土地权属调整阻力亟待破除。田块规整是高标准农田建设的重要内容,不仅要求打破原有的农地细碎格局,还需占用部分耕地用于修建灌排水设施、田间道路等,而这须进行耕地承包经营权调整,但相关工作因涉及农民利益而很难开展。三是资金使用亟待补足。据相关统计,按照现行投入标准和现有资金总量,高标准农田建设每年缺口资金高达400亿元。四是建后管护长效机制亟待健全。一些地方高标准农田建设中"重建设、轻管护"现象较为普遍,且管护资金不足、田间工程设施产权模糊等问题突出,影响项目管理及后续安排。

当前及今后一个时期,要又好又快地推进高标准农田建设,必须多管齐下,多力齐发。

多举措加强耕地保护工作。严格落实耕地保护责任制,具体到人。严格土地用

[①] 本文原载于2019年12月4日《中国城乡金融报》,作者为曲颂和郭君平。

途管制制度，从源头上保护耕地。优化国土空间开发格局，适宜开发未利用地，增加耕地面积。多层次、多方向、多形式深入开展土地政策宣传和专项教育培训，增强全社会保护耕地责任意识。强化土地执法监察，严厉打击违法用地行为。

多途径加强耕地地力建设。强化机耕道路、排水沟、灌溉渠等农田基础设施建设，提高机械化耕作能力。增施有机肥料、推广秸秆还田和种植绿肥作物，增加土壤有机质。深耕改土与免耕栽培，改善土壤理化性状，提高土壤综合生产能力。实行水旱轮作、作物轮作，改善土壤物理性状。测土配方合理施肥，平衡土壤养分含量。

多渠道加强高效节水灌溉。分类管理不同农区的多种作物，提升农业节水灌溉制度管理水平。综合利用各种节水灌溉技术，提升肥料效力，节省水资源，降低灌溉成本。加快研制节水设备，提升节水效率及自动化、智能化水平。建立农业节水补助资金制度，加大节水投资力度。强化再生水的灌溉技术利用水平，提升水资源综合利用率。

多方式整合各类资金投入。一方面，建立财政支持高标准农田建设资金稳定增长机制，并统筹整合中低产田改造、土地"增、减、挂"、农田水利基本建设、农业重点工程建设等项目资金。另一方面，鼓励龙头企业、专业合作社、农村集体经济组织、新型农业经营主体等积极参与，吸引社会资金投入，聚集更大合力。

建立用养结合的耕作制度。既用地又养地，土壤越种越肥；只用地不养地，土壤越种越瘦。长期以来，如何正确处理用地与养地的矛盾、协调二者的关系一直是农业生产中有待解决的重点问题之一。对此，应树立植物营养学、农业生态学等多学科观点，加快建立符合自然规律与经济规律，以土壤耕作为中心，以充分用地、积极养地和养用结合为原则，以地力争天时，通过挖掘土地增产潜力，实现高产、低成本、高效益的合理耕作制度。

健全相关保障措施。加大宣传引导力度，健全农民参与机制。根据形势发展和现实需要，动态调整、完善高标准农田的标准体系。加强后期管护利用，落实主体责任，增强责任意识。加强组织领导，强化统筹协调和督查检查，凝聚推动高标准农田建设的强大合力。

组织制度

农村集体产权制度改革的"大理试验"[①]

云南省大理市下辖11个乡（镇），111个村委会和501个自然村，以及创新工业园区、旅游度假区、海东开发管理委员会，农业总人口30.7万人。多年来，中共大理市委、市人民政府高度重视农村集体"三资"管理工作，出台了一系列政策意见。为推进股份合作，赋予农民对集体资产股份占有、收益、有偿退出、抵押、担保以及继承等多项财产权利，进一步深化农村改革，创新农村集体经济组织管理体制与运行机制，增加农民财产性收入，2015年2月，大理市启动了农村集体资产股份权能改革试点工作，计划于2017年12月结束。

农村集体产权制度改革不仅有利于推动集体经济发展由封闭式向开放式转型升级，也有助于新型城镇化与新农村建设协同共进，还有益于增强基层组织服务功能。对此项改革，大理市如何运筹、实施？怎样保障农民权利？当地政府按照"依法、民主、公正、合理、稳定"的要求，在工作中恪守依法依规、民主决策、公平公正和因地制宜等原则，不搞"一刀切"，不抢跑越线。但不可否认，在具体操作过程中，也面临一系列棘手的问题。相较集体资产市场价值不大、矛盾相对轻微的一般性农业地区，大理市农村集体产权制度改革的重点、难点主要集中在集体经营性资产较多、价值较高且矛盾多发的城中（郊）村较多，其中

[①] 本文原载于2017年6月24日《农民日报》，作者为郭君平和曲颂。

上篇 热点时评

尤须审慎框定如下问题。

第一，成员确认，兼顾"少数服从多数"与严格限定在法律界限之内。成员身份认定既是集体资产股份权能改革的基础，亦是保障集体成员财产权利的依据。一方面，农村集体经济组织成员资格界定通常遵循"少数服从多数"式民主集中制，具体问题均由农民群众共同讨论决定。以下关镇金星村和大关邑村为例，此二村充分尊重农民合理关切，放手将选择权交予农民，即确员的时点、标准及程序由各自然村（或村民小组）民众在讨论中协商敲定，政府部门不设硬性规定，仅负责指导、协调和监督。另一方面，更应防止在民主制度下多数人侵犯少数人的权利，尤其须切实保护有争议群体（如婚嫁子女、离异妇女、农转非人员、收养人员等）的合法权益，其原因在于单纯依靠老百姓举手表决，可能会侵犯少数群众权益，甚至与我国现行法律相抵触。要把成员身份权确认的问题严格限制在法律的界限之内，强调民主的同时，也要限定在法制的范围之内，在确定成员身份的过程中，处理好村民自治与法制二者之间的关系。有鉴于此，大理市政府严格把关，忠实履行职责，将科学有效的制度安排作为维护社会公平正义的根本保证。

第二，股权管理，鼓励"多条腿"走路，不推行单一模式。在股权管理的实际操作中，大理市允许多种模式并行。其中，一种是中央提倡的静态管理（即一次配置永久不变），改制后农村集体资产股权实行"生不增、死不减、长不加、走不收"的固化管理模式，户内股权分配由各户自行决定（按户持股）。从境内试点情况来看，此种形式占大部分。例如，天井村委会山西村民小组以1983年第一轮土地承包为基础、以户为单位进行股权设置，明确户内人口变化与股权持有量脱钩；千户营村整合代征安置地，以人口股为主，按人配股、以户发证，村民每人以1万元自愿入股，成立土地股份合作社，股权可继承，但内部不能转让。另一种是动态管理，核心是以人为本，定期随成员变动调整股权或份额，实行"死减、生增"，其弊端在于频繁调整股权会因稀释原有成员的股权份额而产生新的利益冲突。还有一种是动静结合管理或半动态管理，此模式既保持了成员股权稳定，又维护了新增成员的权益，其中，"动"是指股权可通过继承、转让、赠予等方式在村集体组织内部流转，破除股权固化引致的不良后果；"静"

是指在动态管理的基础上,死亡人员取消人口股,但保留农龄股。

第三,股权设置,搁置争议,使集体股、公益金并行不悖。股权设置旨在为村集体成员收益分配提供依据。长期以来,集体股设置与否一直是热议话题。目前政界、学界有两种主流观点:一种认为设置集体股既能体现资产集体所有性质、壮大村集体经济,又能为农村公共事业建设提供资金保障或偿还村级历史债务,但其权利、义务及经营风险亦由全体股东一并行使和承担。例如,银桥镇阳波村探索以集体股和个人股赋予农民对集体产权的占有与分配模式,其中前者以集体经济组织的机动田入股,后者以农户的承包田入股,以亩为单位,"一亩一股"。与之相反,另一种观点认为集体资产须彻底明晰化,若设置集体股容易造成产权二次模糊,产生新的矛盾纠纷,而村集体所需经费可通过提取公益金的方式解决,不一定非要设置集体股。例如,下关镇玉龙村委会结合自身实际,设计出"成员股"和"贡献股"模式。简言之,对于是否设置集体股及其所占总股份比重的大小,大理市规定各村根据本地经济发展情况,由村集体全体成员民主讨论决定;若未设置集体股,则须在股金分红前提取公益金,以保证村集体公益性建设开支。

总体而言,大理市注重激发农民首创精神,坚持问需于民、问计于民,最大限度调动、发挥干部群众的主动性、积极性和创造性,以优良作风凝聚民心民智民力,及时总结来自一线具有生命力的新鲜经验。在操作上,既突出整体性又体现灵活性;在处置本市集体资产各层次产权关系和村集体资源禀赋差异上,因"村"制宜,积极探寻符合当地实际的股份权能改革新路子,受到村民热烈欢迎和支持;在调处产权制度改革纠纷上,着力把问题化解在基层,处理在萌芽状态,取得了群众满意的良好效果。

上篇　热点时评

农村集体资产股份权能改革面临的难题[①]

2015年5月，我国开始在29个县（市、区）进行农民股份合作、赋予农民集体资产股份权能改革试点。2016年12月底，中共中央、国务院发布《关于稳步推进农村集体产权制度改革的意见》，对盘活集体资产、维护农民成员权利的重大改革任务作出了总体部署。农村集体产权的制度安排关系到集体经济发展和农户经营性、财产性收入，是完善农村多种收入分配方式、缩小城乡发展差距以及巩固党的执政基础的重要途径。在新时期农村集体资产股份权能改革浪潮中，应冷静研判并正确处理以下五大难题。

改革试点面临多重法律障碍。其中最突出的有两点：一是继承权设定问题。目前，股权继承模式主要有户内继承和股权证内人员继承两种，但是在现行法律、政策对农村集体资产股份规定不明的情况下，开展集体资产股份继承的权能改革无法可依，具体工作落实艰难。二是妇女成员界定问题。不少改革试点村在界定婚嫁妇女的成员资格时，以户口与土地权证齐备作为享有集体资产股份权能的依据，然而，乡俗与法律的不一致导致很多妇女特别是离异妇女的合法权益屡遭侵害却得不到切实有效的保护。

改革配套支撑政策尚不健全。一方面，身份登记政策缺失。当前法律法规和部门规章并未明确农村集体经济组织的法人地位，致使其无法申办组织机构代码证、开立银行账户、申领票据、订立合同等，更遑论开展生产经营活动，获得市场主体地位。另一方面，财政政策缺位。从京、津、冀、黔、滇等地的调研情况来看，农村集体经济发展难、发展慢，集体资产经营水平低下，受访村中无经营收益的超过一半。

[①] 本文原载于2017年2月18日《农民日报》，作者为郭君平。

组织制度

基层工作机构与队伍相对薄弱。农村经营管理人才队伍是承担农村各项改革的中坚力量，但是近年来很多地方农村集体资产股份权能改革的主要职责通常由原先县涉农部门人员兼任，加之为节约行政成本，交叉任职已成为有限运行经费约束下的工作常态。具体而言，农村集体资产股份权能的改革事务特别是集体资产台账的日常管理一般由地方乡镇经管站负责，然而，现实中各级农经站普遍存在人手短缺且兼职人员业务不熟、精力不济等问题，这在一定程度上迟滞了农村集体产权制度改革进程。

改革认识、部门协同问题凸显。首先，一些干部、民众对"产改"认识不足。由于农村产权制度改革尚处于"摸着石头过河"的探索阶段，有相当一部分村民和村两委、乡镇乃至县政府部门干部对此重视不够、理解不清、把握不准，在工作中等待观望，缺乏改革主动性。其次，跨部门协同不强。虽然各参与部门总体上各司其职，但一些成员单位统筹作用未充分发挥，一些地方牵头部门统筹、联动乏力，协调单位配合不到位。最后，部门政策碎片化，缺乏衔接与整合。

股权抵押担保机制亟待完善。在赋予农民对村集体资产占有、收益权的基础上，近年各地都在积极探索农村集体产权抵押融资办法，以期让一些农村沉睡千年的"死资产"变成"活资本"。尽管目前已出现数个成功模式或案例，但其中多数做法具有明显的地域化特征，可复制、可推广的价值有限。据实地调查，不少村集体经济组织成员不会或难以将集体资产股权抵押贷款的根本原因在于：一是抵押担保机制体系不成熟，尚存在土地确权没全覆盖、抵押物处置难等棘手问题，相关风险较大；二是股权抵押可贷额度较小，"供不足需"，对借贷者的生产生活支持力度弱，缺乏吸引力。

上篇　热点时评

庆云精准分类科学推进盘活集体资产[①]

农村集体产权制度改革因政策性强、涉及人员广、利益关系复杂而成为事关社会和谐稳定的焦点问题。作为山东省34个试点县之一，德州市庆云县近年立足实际，主动衔接农村集体产权制度改革最新精神，大胆探索，创新实践，逐渐形成了一种可资借鉴的"庆云模式"。

一是聚焦目标任务。一方面，实现农村集体资产"按份共有"，让资产变股权，让农民当股东。另一方面，遏制村集体资产流失，防止农民利益受侵害，不断壮大村级集体经济实力，持续促进农民财产性收入增长。

二是精准分类发力。根据资产存量多寡，将村庄划分为扶贫开发型、产业带动型、资产丰厚型、两区同建型4种。对扶贫开发型村，着力盘活、利用"僵尸资产""僵尸资源"；对产业带动型村，着力将明晰股权后的集体资产、资源入股农业龙头企业；对资产丰厚型村，着力评估集体资产和界定成员资格；对两区同建型村，着力发挥集体资源的规模经营效益。

三是创新股权设置。基于成员基本股，探索设置公益股，以期助力贫困户持续稳定脱贫。基本股实行一人一股，采取"量化到人、确权到户、家庭共享、社内流转、长久不变"的静态管理模式。公益股针对因病、因灾、因孤、因学等致贫的群体，设立扶贫股、助学股等，采取"单独发证、分类管理、专股专用、不得转让、不流转、不继承"的动态管理模式。

四是系统有序推进。优化改革布局，做好"加减乘除法"。加法：强化组织领导，科学制定政策制度，保障改革稳步推进。减法：强化教育培训，广泛宣传造势，减少、消除干部群众顾虑。乘法：强化规范运营，盘活集体资产，着力增

[①] 本文原载于2019年10月1日《农民日报》，作者为曲颂、夏英和郭君平。

强村集体经济实力。除法：强化程序设计，让资产当"分子"，成员做"分母"，合理量化传统农区资产。

五是数字化管理。为促进股份经济合作社稳定发展，确保村集体资产保值增值，开发搭建了由产权改革信息管理、集体资产地理标识等8个系统组成的农村经管综合信息管理平台。

六是开展"回头看"。全面梳理产权改革工作，集中查找突出问题，着力补齐短板、强化弱项，同时积累总结成功经验。

基于以上举措，庆云县农村集体产权制度改革在富裕农民、改善乡村治理、发展社区事业、扶贫济困等方面成效显著。在接下来的改革工作中，一要统一思想认识，调动各方力量，凝聚改革动力；二要尽快出台包括"农村集体经济组织法"在内的相关法律法规；三要理顺村社关系，推进"政经分离"，完善监管机制；四要加强对产改工作和集体经济发展的政策配套与扶持。

上篇　热点时评

农村集体经济须加大扶持力度[①]

如何改变集体经济薄弱村无实力发展经济、无能力提供服务的现状，使村集体有钱办事、有能力办事，进而增强基层组织的向心力、凝聚力和号召力，化解农村经济社会矛盾纠纷，成为亟待探讨和解决的重大课题。

近年我国农村经济取得了较快发展，村容村貌也有翻天覆地之变，然而由于新型城镇化的推进、农村税费改革以及集体资产资源流失、闲置等诸多原因，一些地方尤其是欠发达地区村集体经济发展情形不容乐观，大多数处于停滞、倒退状态，村集体增收渠道趋于单一且后劲乏力，收不抵支已成为常态，更遑论实现集体资产、资源、资金的保值增效。其结果是无集体经营收入的"空壳村"大量增加，村党支部、村委会运转基本靠上级拨款来维持，为数不多的国家农业补贴、财政转移支付仅起到补充、引导作用，村级须自筹资金建设水、电、路、学等农村公益事业，有些行政村甚至为此借款负债，而所谓的农村双层经营实际上长期处于"跛足"状态。

面对新形势，如何改变集体经济薄弱村无实力发展经济、无能力提供服务的现状，使村集体有钱办事、有能力办事，进而增强基层组织的向心力、凝聚力和号召力，化解农村经济社会矛盾纠纷，成为亟待探讨和解决的重大课题。2012年，国务院农村综合改革工作小组决定选择部分省份开展农村综合改革示范试点，其中一项重要内容是扶持村级集体经济发展，财政部将浙江省、宁夏回族自治区作为扶持村级集体经济发展的首批试点区。2016年，试点范围扩大至河北、辽宁、江苏、安徽、江西、山东、河南、广东、广西、贵州及云南等13个省（区）。其间，就村集体经济发展壮大所遇困难来看，既有主、客观因素，也有

---

① 本文原载于2017年4月13日《中国经济时报》，作者为郭君平和曲颂。

历史、现实阻碍。

其一，基层干部群众思想认识不足，综合能力素质有限。一方面，不少乡村干部对什么是村集体经济、为什么要发展村集体经济以及怎样发展村集体经济知之甚少，或片面肤浅，甚至产生动摇心理和负面抵触情绪。突出表现在以下几种观念：一是认为农村集体经济是计划经济时代的产物，如今再发展集体经济有"开历史倒车"之嫌，不仅不合时宜、于事无补，还可能背上沉重债务；二是认为集体经济占整个农村经济的比重很小，只是旁枝侧叶，其发展与否无关大局且短期难以见效；三是认为集体土地和林地已基本承包到人，集体经济几无发展空间，加上资源、市场、人才、资金、环保等多重约束，壮大集体经济难上加难；四是认为与其自力更生，不如"等、靠、要"，静候国家施以援手。另一方面，缺乏高效管理队伍是现阶段农村集体经济发展中存在的严重问题之一，集中体现在村"两委"班子综合素质与市场经济发展要求尚存较大差距，年龄与文化结构不合理，且多有畏难情绪，害怕承担失败后果，以致工作积极性不高，甚或存在自利贪腐行为。

其二，普遍缺乏资金、知识、技术、人才、政策、资源及适宜的实施方案。据实地调查，对于制约村集体经济发展壮大的主要问题，90%的村干部认为是启动资金匮乏，"巧妇难为无米之炊"；47.5%的村干部认为是缺乏知识、技术和人才支撑，当前农村普遍遭遇的现实情况是内部青壮年劳动力（有文化、懂技术）加速外流，外部优质人才难引进、难留住；35%的村干部认为是缺少政策支持，突出体现在村集体经济组织的主体、职能、机制仍处于缺位状态，且村集体资产管理的现代企业制度尚未建立；25%的村干部认为是资源贫乏，大部分村庄拥有集体统管的荒地、荒滩、林场、草场、养殖场（集体畜）、房屋等资源并不多，其中有矿产、旅游资源的更少；另有20%的村干部认为是缺乏合适且可操作性强的实施方案，基层对如何壮大村集体经济或束手无策或思路不清，多无长远规划。

为扶持村集体经济发展，壮大村级财力，让"空壳村"尽快"破壳"，实现脱贫攻坚和共同富裕目标，国家、地方政府和村委班子必须三级联动，立足各村既有经济基础，针对发展瓶颈，因地制宜、因村施策，构建各具特色的村集体经济发展模式和良性互动机制。在具体举措上，集中捆绑使用各级财政专项资金及其他项目资金，冲出"低水平均衡陷阱"；实施分类培训，督促干部学习领会国家、区（县）发展农村集体经济相关政策，增强责任意识，提高领导带动能力和工作主动性；配强配优相关技术人员队伍，加强产业技术咨询指导；鼓励因地制宜探索市场经济条件下集体经济多种有效实现形式；建立完善与农业龙头企业、农民合作社、家庭农场、种养大户、服务组织等新型农业经营主体间的利益联结机制。

组织制度

新田地合作社"创"出为农服务新天地[①]

农民专业合作社是农村社会化服务体系的重要组成部分之一,是实现小农户与现代农业有机衔接的现实需要,有利于扩大农业的生产规模、经营规模和服务规模。作为全国农民合作社国家示范社之一,河南省荥阳市新田地种植专业合作社自2011年成立以来始终坚持"为农服务",主动适应农业生产经营方式与科技服务模式的深刻变化,积极创新服务模式,目前在节本优价、促农增收、释放农村劳动力、提升农民组织化程度、保护生态环境(减少秸秆焚烧)等方面成效显著,多次荣获全国、省、市级荣誉,其经验做法值得借鉴、推广。

创新组织形式,发挥引导带动作用。新田地种植专业合作社严格遵循入社自愿、退社自由、民主管理、利益共享、风险共担及盈余按成员与合作社的交易量(额)比例返还等原则,设有市总社、县区分社、乡镇服务站三级管理机构,兼具指导性、协调性和服务性多重特点。迄今,不仅辐射带动周边5个乡镇1.2万户农民脱贫,还在巩义市、兰考县等6个县(市)成立了分社,带动1.4万名农民致富。

创新经营手段,满足农民多样需求。一是代种、代管、代营。农户当"甩手掌柜",合作社全程负责生产资料代购、深松耕、耙地、飞防植保、粮食销售等,目前代种、代管了约6万亩小麦、玉米。二是"土地银行"。农户将土地承包权、经营权抵押至"土地银行",以获得"固定"收益和"变动"的利息。"土地银行"则将连片土地交由合作社统一管理和规模化经营,并支付托管费用。三是联耕联种、联管联营。采取"农户+村委会+合作社"经营模式,通过"破埂、平渠、修边"等方式将碎片化农地集中连片种植单一粮食品种,实现"增面积、

[①] 本文原载于2020年10月14日《中国城乡金融报》,作者为郭君平和孙东升。

降成本、提单产、升效益"。

创新管理理念，建设生产要素车间。借鉴工业化理念，合作社在农业基础条件好、粮食生产相对稳定和村两委班子服务意识强的行政村，打造集生产技术服务平台、互联网技术服务平台及农产品营销平台等功能于一体的"农业生产要素车间"，通过统一采购品种、测土配肥、采购生产资料、培训管理、农业机械和组织销售的"六统一"制度，实现促进粮食生产标准化、破解管理服务难题及规避市场异常波动风险。

创新合作方式，谋求增效降本扩销。一方面，以整合共建方式横向联合同行业力量。合作社统一优化配置不同农机合作社的各种农机资源，为社员及周边农户提供低成本、便利化、全方位的服务；同时与生物科技有限公司共建农用无人机植保作业队伍，开展农作物病虫害专业化统防统治。另一方面，以订单驱动方式纵向联合上下游企业。为减少生产投入和扩大粮食销路，合作社先后与不同农资生产商、20多家饲料企业及30多家面粉企业签订订单合同。

诚然，新田地种植专业合作社也面临一些普遍性"沉疴痼疾"。例如，周转资金短缺，扩大再生产融资难、融资贵，限制了生产经营拓展、技术设备更新及发展转型升级；建设用地指标获得困难，难以满足规模经营所需；专业财会人才和经营管理人才匮乏，招不来，留不住；农业基础设施建设历史欠账太多，"补课"性任务繁重，与现代农业发展要求相差甚远。鉴于此，为提升全国农民合作社的社会化服务水平，亟须针对共性问题出实招。第一，推进农村金融产品和服务方式创新，建立农业信贷产品体系、信贷担保体系、合作社资金互助机制及支农风险补偿基金。第二，适度扩大设施农业用地范围，增加年度新增建设用地指标，同时盘活利用"闲置农房"资源。第三，坚持"引育"并重，激活人才存量，扩大人才增量，突破人才瓶颈。第四，持续增加财政投入并优化投入结构，挖掘社会资金潜力，改革现行体制机制，强化农业基础设施投入与管护。

组织制度

加快健全村级小微权力监督制约机制[①]

村级小微权力虽然看起来"微"不足道,但量大面广且处于党和政府方针政策"上传下达"的关键环节,直接关乎农民群众的切身利益和农村社会的长治久安。为解决村级权责不清、程序不严、执行失范、监督薄弱等突出问题,推动村级权力公开化、透明化、阳光化运行,应着力构建以"四规范、三监督、一问责"为主要内容的村级小微权力监督制约机制,防止权力任性、权力错位或权力失控。

"四规范"。首先,规范权力清单。分类分项梳理涉及村务公开、"三资"管理、组织人事、公共服务等事项,切实做到"小微权力进清单,清单之外无权力"。其次,规范运行流程。厘定小微权力底数,按照于法周全、于事简便的原则和"最多跑一次"的改革要求,逐条绘制流程图,明确事项责任人和办理时限,实现全流程闭环管理。再次,规范公开平台。搭建信息栏、公众号、微信群等公开平台,创新"互联网+"公开模式,将村级权力事务全部实时"晒"网上。最后,规范教育管理。探索推行村级标准化工作任务清单式管理、销号制落实,不定期组织小微权力工作汇报交流,并分类抓好常态培训。

"三监督"。一是上级监督。县、乡两级纪委可采取"定期检查+不定期抽查+明察暗访"的综合方式督查各村小微权力运行情况。同时,按照"谁授权、谁监督"原则,聚焦"民生资金、'三资'管理、土地征收"等重点领域,督促县直单位对上一轮问题整改情况进行再督查。二是村级监督。将选优配强、业务培训、考核奖惩作为村监委会建设的主要内容,并严格落实"三记录一例会"(工作台账记录本、会议记录本、财务票据审核记录本和每月例会)工作机制。

[①] 本文原载于2022年3月19日《农民日报》,作者为郭君平和曲颂。

三是群众监督。各村建立议事微信群,告知本村"两单一图"(权力事项清单、主体责任清单和权力运行流程图)、研究事项及各类公开内容,保障农民群众"四权"(知情权、决策权、参与权和监督权);另外,通过新闻媒体、网络平台、入户走访、发放单页等多种宣传方式让广大农民"人人知晓流程、个个监督权力",不断织密织牢监督网。

"一问责"。权力就是责任,责任就要担当。"动员千遍不如问责一次",在工作中应敢于下好"刚性问责棋"、念好"紧箍咒",出台村级小微权力运行责任追究办法,强化村干部的责任担当,实现"责任明确、问责精准",确保诸项工作落实落细。

推进乡村善治永远在路上,"制度的笼子"将会在广度、硬度、密度上越扎越紧。为使村级小微权力监督制约机制在基层落地生根取得实效,尽可能实现"一切工作有程序,一切程序有控制,一切控制有规范,一切规范有依据",未来各地应提高政治站位,坚持高位推动,将规范村级小微权力运行与加强党建工作深度融合、与提升社会治理能力紧密结合、与改革纪检监察体制统筹推进,努力营造风清气正的良好政治生态,从源头上让村干部不敢腐、不能腐、不想腐,全心聚力解决好群众的"急难愁盼"问题。

乡村产业

乡村传统手工艺或成创业新"蓝海"[①]

乡村传统手工艺不仅是历史的真实见证,也是珍贵的文化信息资源。日前,农业农村部、国家发展和改革委员会等9部门联合印发《关于深入实施农村创新创业带头人培育行动的意见》,明确提出要将乡村手工艺人作为在乡创业能人培育重点,支持他们创办家庭工场、手工作坊、乡村车间,在保护传统手工艺、发掘乡村非物质文化遗产资源的同时,带动农民就业增收,实现文化富民。这一新政策将进一步推动乡村传统手工艺更好地传承和发扬光大。

乡村传统手工艺融实用与审美为一体,具有鲜明的民族特色、地域特色和原始情感,是中华民族非物质文化遗产的重要组成部分,传承时间悠久,常被誉为历史文化的"活化石"。

从供给端来看,乡村传统手工艺门类齐全、品种繁多,诸如竹编、草编、刺绣、陶瓷、印染、剪纸、泥塑、彩塑、木雕、石雕、雕漆、玉雕、风筝、皮影、服饰以及民间玩具等,不仅风格独特而且技艺精湛。从需求侧来看,随着社会经济的发展和物质生活水平的提高,人们对文化的消费观念日渐转变、消费能力不断增强,为满足"日益增长的美好生活需要",必然呼唤多层次、多形式、多样化以及个性化的精神产品,而作为承载人们寻求心灵栖居与审美体验的精神载体和带动区域经济发展的重要

[①] 本文原载于2020年7月1日《中国城乡金融报》,作者为郭君平和曲颂。

上篇　热点时评

文化资源，乡村传统手工艺的市场化、产业化发展前景广阔、大有可为。

近年来，文化软实力意识的不断觉醒，国家政策扶持力度不断加大，但乡村传统手工艺仍面临诸多问题与挑战，长此以往难免濒临失传或消亡。一是文化审美性与日常实用性错位，要么过度强调复古理念致使现代审美体验缺乏，要么过于强调现代设计理念导致传统文化内涵缺失。二是市场品牌意识薄弱，集中体现在品牌建立缺少地理标识、品牌维护乏力（自成品牌寥寥无几）以及品牌运营陷于传统桎梏而逐渐落后。三是资源价值未充分开发，致使乡村传统手工艺的文化价值常伴随产业价值的衰退而不断消逝。四是传播渠道建设不足，缺乏现代经营管理理念，单纯地以旅游纪念品带动乡村传统手工艺品的营销与宣传。五是后继乏人、出现断层，突出表现在现有人才结构不合理、传承模式单一（以"父子相传，师徒相授"为主）以及具有创新理念、专业素养的人才外流严重。

为让乡村传统手工艺保持生命力、持续焕发活力，必须在不偏离、不违背核心技艺和传统内涵的基础上，从材料、工艺、产品形态等方面积极探索，使之融入当代生活。反思当前，乡村传统手工艺正面临蜕变和"重生"的考验，突出体现在大批量、低成本的生产需求和人们对高科技、机械化的追求。展望未来，鼓励和支持乡村传统手工艺传承者投身于创业大潮，是实现乡村文化振兴、推动民族文化走向世界的有效途径。

那么，各地应如何培育一支面向未来、带动力强、影响力大的乡村传统手工艺创业人才队伍？需要真心实意地重视，真抓实干地服务，真金白银地支持。一是深入开展调查摸底，通过建立工作台账，详尽掌握乡村传统手工艺从业者的数量分布特征，并将其创业意向、能力、计划等情况登记在册。二是细化扶持政策，主要根据扶持对象、扶持门类、扶持内容、扶持阶段（初创期、孵化期、加速期、成熟期）等制定差别化帮扶举措。三是委托相关高等院校、教育机构针对乡村传统手工艺创业人才的实际需求和素养薄弱环节，设置相关教学模块，进行"点餐式"培养。四是加快创业平台建设，为乡村传统手工艺创业者提供从创业策划、企业建立到发展成长、成熟运行的全程化服务。五是建立创业人才联盟，将乡村传统手工艺创业者、创业导师、创投机构、投资基金、高校科研院所、行业组织等集聚起来，实现资源共享、优势互补、协同创新及合作共赢。

乡村产业

"六字诀"助推质量兴农[①]

质量兴农是乡村振兴的重要内容,是农业现代化发展的主要标志。在当前及今后一个时期,推进质量兴农,重在以农产品质量、供给体系质量、涉农产业质量、农村经济发展质量为核心抓手,其关键举措可概括为6个字:调、育、控、分、塑、查。

"调"。调整农业生产区域布局,因地制宜挖掘优势资源,并以农业资源承载力和环境容量为基础,逐步发展区域特色农产品或不同类型的专业生产区。调整农业产业结构,合理开发与高效利用农业经济资源,调整农产品品种结构,提高供给侧对需求侧变化的适应性和灵活性。

"育"。培育"色泽、香味、味道、大小、形状、功效"等各异的优良品种,加快品种更新换代。培育高素质和高组织化程度的农业生产经营者队伍,消除其不科学、不安全的生产行为,避免滥用化肥、农药、兽药、农膜、添加剂等农业投入品,减少农业生产主要污染源。培育消费者质量安全意识,提高其科学认知水平,增强其风险防范和维权能力,倒逼生产者不断改进技术、改善管理,提供适销对路、性价比高的优质农产品。

"控"。管控生产过程,着力构建农产品质量安全标准体系,及时检测、识别质量异常情况或趋势,不断完善不合格品处理方法和流程,确保农产品生产规范、流通顺畅、市场有序以及消费安全。管控仓储物流,通过引入国外冷链先进技术和科学规划,减少农产品在运输、仓储、配送过程中因腐烂变质造成的品质损耗,同时杜绝在储藏和运输环节利用危险化学品进行农产品保鲜。

"分"。以消费者偏好为中心,以不同营销机构、生产者和消费者所能接受

[①] 本文原载于2018年9月4日《经济日报》,作者为郭君平。

上篇 热点时评

与使用的程度作为标准好坏的判断依据,及时修订完善我国现行农产品质量分级标准,使其技术内容先进规范、层次分明、体系完备,尽快解决当前存在的标准数量不足、标准过于粗放以及等级规格划分不够科学等突出问题。

"塑"。通过"产品内容化、内容故事化、故事口碑化"的社会化传播模型,借势"互联网+",低成本、高速度塑造具有识别标志、精神象征或价值理念等功能的农业品牌体系,以提升农产品附加价值,传递品质优异、品种多样、安全可靠及专属特色等信息,降低消费者信息搜寻成本,提高供给质量、效率和层次。

"查"。建立"高度开放、覆盖全国、共享共用、通查通识"的国家农产品质量安全追溯管理信息平台,提供产品真实可靠的信息,追查、跟踪"问题农产品",充分满足消费者的知情权和选择权。建立农产品质量安全守信激励与失信惩戒机制,实行"红、黑名单"制度,强化监管、执法打击及自律意识联动,督促生产企业、合作组织、家庭农场等生产经营主体落实诚信责任,严格遵守农产品质量安全相关法律法规。

乡村产业

粮油加工业转型：以六大举措应对四大挑战[①]

在当前促改革、转方式、调结构的关键期和阵痛期，加快粮油加工业转型升级，已成粮油产业发展必然之势。粮油加工事关粮油再生产，是提升粮油附加值不可或缺的中间环节。近年来，越来越多的粮油加工产品走进人们的日常生活，粮油加工业日渐兴盛，但所面临的挑战亦与日俱增，在当前促改革、转方式、调结构的关键期和阵痛期，加快粮油加工业转型升级，已成粮油产业发展必然之势。

粮油加工业转型面临的四大挑战

一是居民消费要求提高。改革开放以降，城乡居民渐次由过去生存型消费向发展、享受型消费转化。消费结构升级给粮油加工业带来了巨大挑战：一方面，粮食安全压力，间接影响国内粮油加工原料的总量和品种供应。另一方面，城乡居民对粮油加工品的要求越来越高。一直以来，精深加工少、结构不够合理以及总体质量水平与档次不够高等是我国粮油加工品的基本状况，但随着国内生活节奏加快和居民消费需求变迁，城乡居民消费结构日益走向多元化，粮油加工食品的差别化、个性化、方便化、营养化以及健康化问题愈发凸显。

二是资源环境约束加剧。当今粮油加工企业主要面临竞争力变迁和环境保护两大压力。一方面，当资源节约技术成为粮油加工业的主要竞争力来源或者资源节约技术比资源耗费技术更具竞争力时，资源耗费型企业须尽快实现竞争力的来源转移。另一方面，粮油加工企业的环保压力多来自强制性环境法律法规、国际竞争以及生产工艺技术改进。具体表现在：企业单位产品的能耗、水耗及污染物

[①] 本文原载于2017年12月2日《粮油市场报》，作者为郭君平和曲颂。

排放与国内"两型"社会建设要求和国际先进水平相比仍然差距较大,节能环保任务艰巨。

三是自身机制亟待完善。首先,自主创新机制不畅、动力不足且能力不强,技术装备水平相对落后。目前我国技术装备达到国际先进水平的粮油加工企业大约只有5%,而且重要工艺技术设备的引进仍处于"引进→落后→再引进"的循环怪圈之中,消化吸收再创新实现困难。其次,多数企业规模小且产能过剩,法人治理结构缺失。突出表现在小型企业居多,落后产能比重大,设备利用率偏低,先进产能不足。最后,粮油加工品的标准化管理和消费安全保障任重道远,相关工作体制机制有待健全。

四是国际竞争压力加大。一方面,国外粮油加工企业纷纷抢占国内市场。由于我国企业以初加工为主、技术和资本准入门槛较低等原因,国外大型跨国企业凭借资本、技术、管理以及国际化经营等方面优势,通过规模效益压低产品价格等方式,加快了进入我国稻谷、小麦、玉米等粮油加工领域的步伐,致使国内竞争加剧,本土企业遭遇"生存危机"。另一方面,国内粮油加工企业抢占国外市场乏力。受粮食价格上涨、劳动力成本增加以及人民币升值等因素影响,企业经营成本持续走高,国际竞争乏力。

以六大举措加快粮油加工业转型升级

一是化解过剩产能。首先,严格市场准入管理,建立落后产能退出机制。坚决清理、整顿在建高耗能、高污染企业,严控新增产能;及时公告列入淘汰计划的企业名单或工艺设备,促其尽快退市。其次,引导企业一体化发展,通过兼并重组形成一批市场竞争力强、产品科技含量高、资本结构多元的大型粮油加工企业集团。最后,推进企业工艺技术装备优化升级,加强监测管理;对排放未达标企业整改后仍不符合要求,责令停止生产经营。

二是推进企业制度创新。在明晰产权关系的基础上,开展形式和层次多样的产权交易,推动产权合理流动、资产优化重组以及组织结构调整。加快政府职能转变,切实将粮油加工企业的各项经营自主权落到实处,助其转换经营机制。通过统筹处理企业历史挂账、加强社会保障救济工作、解决企业办社会问题等有效措施，减轻企业负担，增强其生产经营活力。同时，减少民营粮油加工企业在产业准入、税收政策、法律审判以及融资上市等方面的政策歧视。

三是鼓励企业技术创新。健全国家支持粮油加工业发展的各项税收激励政策。加大粮油加工业科技创新财政投入，拓宽资金来源渠道。除保证每年粮油加工科技投入增速高于经常性财政收入增速外，还要构建多层次信贷融资体系和金字塔式资本市场。搭建公共研发平台，提升企业自主创新能力。

四是完善质量安全治理体系。健全粮油加工品质量安全监管体系，加强全渠道监管，严厉查处不法行为；抓好质量安全风险监测、评估、预警和应急处置工作，强化市场信息发布，发挥社会监督作用。督促企业完善内部质量管理体系，引导企业推行全面质量管理模式，将质量、计量、标准化和品牌管理活动嵌入研发、生产、经营、节能增效以及售后服务。推动"粮食法"立法进程，强化配套规章制度建设，加大打击粮油加工品质量安全违法犯罪行为力度。重构粮油加工品的市场结构，发挥市场调节作用。

五是多手段杜绝过度加工。首先，结合我国粮油食品制作品质、营养、风味等因素，加快制（修）订国家粮油加工业标准体系。其次，推进技术创新，引导企业按标准生产，加大粮油适度加工新技术、新设备以及副产物综合利用技术的研发、示范、推广力度，提高粮油加工品出品率和副产物综合利用率。最后，加强舆论宣传，借助传统媒体、新兴媒体以及其他各类平台，引导消费者转变观念，平衡膳食结构。

六是推动企业"走出去"。设立海外投资基金，专司支持我国资源寻求型、技术寻求型、市场寻求型以及技术输出型的粮油加工企业开拓国外市场。采取多种措施，降低企业"走出去"的税收成本，避免双重征税。鼓励粮油加工优势企业开拓国际市场，建立境外粮食生产基地与仓储物流营销体系，实现优势互补、互利共赢。健全贷款、出口信贷和出口信用保险等方面的政策支持体系，加大对企业"走出去"的金融支持力度，合理确定贷款期限，创新担保形式、保险险种以及外汇储备运用。

其他热点

激活乡村振兴的人才活力[①]

日前召开的中共中央政治局会议提出,"要实施好乡村振兴战略"。乡村振兴关键在人,核心是人才,乡村人力资源开发是乡村振兴的第一要务。

当前,各类人才短缺成为推进乡村振兴战略实施过程中面临的突出难点:一是人才总量不足,农业农村专业人才数量无法满足需求。二是人才结构不合理,在生产经营、创新创业、社会服务、公共发展以及乡村治理等领域的核心人才匮乏。三是人才整体素质偏低、知识老化,创业兴业能力不强,示范带动作用不明显,满足不了乡村振兴战略所需劳动力与智力支持的要求。随着城镇化加速推进,乡村特别是贫困村,大批有文化、懂技术、会经营的农村青壮年劳动力大量外流,出现农村人口"老龄化"、农村"空心化"现象,致使农村发展中人才短缺的问题日益突出。

造成乡村人才短缺的原因众多,究其主因有五点:一是教育的目标偏失,导致高等教育或职业技术培养的"人才"和升学无望的初高中毕业生都主动或被动地向经济发达地区单向输出。二是长期存在的城乡二元结构体制,迫使农村人才为改变自身或家庭命运通过各种途径离开农村流向城市。三是农业产业投资大、风险高、效益难以保障的先天劣势,使得农村难以留住人才,大量优质青壮

[①] 本文原载于2018年8月7日《光明日报》,作者为郭君平。

其他热点

劳动力离开乡土。四是政府培训错位，培训内容针对性不强、缺乏吸引力且形式不合理，致使在乡人才难以得到"营养补充"。五是农村家庭教育投资收益低、成本（包括直接成本与机会成本）高，弱化了农村人力资本积累。

人才兴则乡村兴，乡村振兴的关键是人才振兴。2018年中央一号文件中，有20多处提到"人才"二字，由此可见人才对乡村振兴的重要支撑作用。为破解乡村振兴人才短缺这一困局，各地应牢固树立"人才是经济社会发展的第一资源"理念，坚持立足中国国情，借鉴国际有益经验，从不同方面聚集人气共建美丽乡村。

一方面，盘活人才存量，减少人才外流。通过加大宣传力度，增强农村年青一代知农、爱农、学农、事农的意识和"绿领一族""新农人"的职业荣誉感。依托高等院校、科研院所等各类教育培训资源，紧紧围绕各地主导产业，从专业大户、家庭农场、农民合作社、农业企业、村"两委"班子成员等农业主体人员中精选招收对象，实施分类培育。加快农村人才市场建设，完善农村人才流动机制，推动形成"能者上、平者让、庸者下"的用人导向，提升农村基层组织和村民自治组织的领导力、凝聚力、战斗力。

另一方面，扩大人才增量，鼓励人才进村。打好感情牌，广泛深入挖掘域外人才资源，通过亲情、乡情感召他们参与"反哺工程"，支援家乡建设。打好环境牌，要不断加强农村交通、通信、物流等基础设施建设，提高教育、医疗卫生、社会保障等基本公共服务水平。要倡导绿色发展方式和生活方式，实行最严格的环境保护制度，将农村打造成人与自然、人与人和谐共生的生态宜居地，让人才有"此心安处是吾乡"的归属感。要打好事业牌，搭建创新创业大舞台，让已跳出"农门"的农民工、大学毕业生、企业主、退役军人、离退休干部、教师等"城归族"返乡创业有机会、干事有平台、发展有空间。要打好政策牌，构建更加科学规范、开放包容、运行有效的人才政策体系，破除束缚人才发展的思想观念和体制机制障碍，进一步解放和增强人才活力，让人才各得其所、尽展其才。

古语有云："为政之要，莫先乎人；成事之要，关键在人。"在实施乡村振兴战略中，我国需要推动新农村建设的生力军，更需促进农村发展的各类高素质人才，尤其是懂农业、爱农村、爱农民的年轻人去干事创业，聚集人气振兴乡村。

上篇　热点时评

"十三五"期间中国消费呈七大趋势[①]

趋势一：消费将成为经济发展的支撑力量

我国社会消费形态由温饱型消费、小康式消费转向炫耀性或符号消费、品质型消费发展，消费市场呈加快发展态势，总量规模明显扩大，成为拉动经济增长的支撑力量。"十二五"时期全国社会消费品零售总额累计增长11.7万亿元，年均增幅13.1%。在"十一五""十二五"期间，社会消费品零售总额名义增长率呈波动式下降，共降低了5个百分点，但同期消费对经济增长的贡献率呈波动式上升，约提高了28个百分点，充分发挥了消费的"稳定器"与"压舱石"作用。"十三五"时期，世情国情将继续发生深刻变化。国际上，世界经济仍处于国际金融危机后的深度调整期，总体复苏疲弱态势难有明显改观；反观国内，"三期叠加"阵痛持续加深，但我国将主动适应并引领经济发展新常态，坚持改革开放，扎实推动"大众创业、万众创新"和结构调整转型升级，为"促消费、扩内需"奠定坚实基础。综合国内外形势来看，未来我国消费市场规模将平稳增长，且对经济增长的贡献率不断增大。

趋势二：城乡居民消费结构更加均衡

消费结构合理化是指消费结构在一定生理标准、经济标准和社会标准下不断优化的动态过程。它有利于一国或地区经济社会的可持续发展、产业结构的全面升级、人们整体素质的提高以及技术开发创新。近年来，在扩大内需、推进农业供给侧结构性改革以及加快农村流通信息化、标准化、集约化建设等战

[①] 本文原载于2017年6月28日《中国经济时报》，作者为郭君平和曲颂。

略下,农村市场流通体系越来越健全,农村集市"乱、小、散、脏"问题得到有效缓解,商品集散和辐射功能逐渐变强,大部分农产品市场交易规则和交易方式悄然改变,适合农民消费层次、文化水平和农村消费环境的商品日益涌现,城乡消费均衡一体化逐渐显现。据统计,2013年农民消费规模增速开始快于城镇居民,至今一直保持这种逆转态势。此外,基于城乡和区域间居民消费变化趋势,加上"十三五"期间居民收入差距缩小、社会保障体系健全和消费信贷市场发展等外部因素的综合作用,未来我国不同地区消费结构将更加合理和均衡。

趋势三:新业态新体验推动消费方式升级

在经济增长、社会发展、科技进步以及政策法规的引导、规范和保障等共同作用下,我国城乡居民整体消费水平和消费质量不仅得到极大提高,其消费方式也由低层次快速向高层次发展升级,主要表现在4个方面:一是现有消费品逐渐被更高性能、更高品质、更高档次、更高品位的新型异质消费品替代;二是同类消费品的质量、档次和安全保障程度比过去更高;三是传统消费模式转变为理性消费、绿色消费、循环消费和可持续消费;四是购买可携带实物化商品的提袋消费大幅转向以互联网络为工具手段实现自身需要的网络消费和发生在商业中心内以感官体验为主的体验型消费。根据以上情形以及在国家政策大力扶持、居民收入稳定增长等因素推动下,不难预判,"十三五"时期我国新兴消费业态与消费体验将成为消费的最大热点或亮点。

趋势四:消费环境法治化进程有效推进

在当前消费形式由使用权与所有权同时转移的钱货两清式消费渐次转向使用权与所有权逐渐过渡的信贷消费和仅是使用权转移的租赁消费期,我国消费市场暴露出了供需错位、有效供给不足、价格信息不透明等诸多问题。为彻底解决这些问题,须着重从健全法制、完善监管和深化以市场为取向的改革等方面入手。其中,法治监管层面主要着眼于维护健康有序的消费环境。在信息不对称的情况下,只有对消费者进行全面的保护,才能从根本上培育并发展起一个让居民放心消费的市场环境。尽管我国早已开始修改相关税收法律法规，但与全面启动内需的内在要求相比，仍然存在一定距离。不仅如此，在建设配套的法律环境方面，多半只停留于出台相关法律，而缺少保障法律有效实施的执法环境。"十三五"时期是我国消费市场发展走向法治化的关键时期。在此增长转型与深化改革的新阶段，市场机制和法治力量将会更好地发挥作用以扩大内需、拉动消费。届时，国家将着力推进体制机制创新、加大违法行为整治力度和维护契约秩序公平，营造竞争有序的市场环境和公平正义的法治环境，打造市场化、法治化消费环境高地。具体而言，未来5年，不仅市场主体质量安全责任和消费者权益保护责任进一步落实，消费环境的源头治理得到强化，而且监管执法更趋严格，尤其对商品市场秩序、网络经营行为、旅游市场秩序等重点领域和突出问题的规范治理力度更大。

趋势五：消费品供给日趋高端化均衡化

过去由于生产能力低下和产业组织方式落后，供给不足问题曾是长期困扰我国的主要矛盾之一，然而，现在不是供给绝对不足，而是传统产业供给能力大幅超出需求，中低端产品过剩成为常态，但同时高端产品供给不足或有些产品和服务规模有余而品质不足。简言之，目前我国供给体系呈现总需求不足与供给结构性失衡并存的状况。以时下人们热衷海外购物为例，尽管国内有众多奶粉、化妆品、电饭煲、马桶盖、手机甚至药品、牙膏等品牌，但国人依然不惜重金、不辞辛苦从国外买回各种商品。与此同时，各种海外代购、跨境电商也都热火朝天。这种现象的背后折射出我国长期疏忽"供给侧"改革，以致出现难以满足市场需求的尴尬。当前我国已进入新供给时代，需求面临剧变。一方面，消费市场快速扩张，潜力愈来愈强。另一方面，消费结构正全面升级，消费者从追求量的满足转向追求质的提升，城乡居民消费潜力得到有序释放。面对以上形势，"十三五"期间，产品高端化是经济发展的必然方向，我国将顺应消费升级趋势培育符合国家发展宏大战略和企业长远发展需要的新供给、新动力，通过优化产业结构、提高供给质量、提升供给层级以及丰富供给形态，引领我国供给体系新常态与供给侧改革背景下实现新突破、新跨越，产品结构高端化调整，有效供给更加充足。

趋势六：消费模式绿色化渐成社会风尚

回溯既往，经过39年的改革开放，我国经济社会发展虽成就斐然，但也付出了高昂的资源、环境代价。如今，现实环境承载能力已达或接近上限，过去先污染后治理的粗放式增长老路已走不通。然而，若要解开资源、环境约束这"两把锁"，除了向绿色化要生产力，还须实现消费模式绿色化，从资源耗竭型与环境污染型消费模式转向循环节约、低碳环保、文明健康和可持续的消费模式。现阶段，虽然我国居民总体上对消费模式绿色化了解较少、理解不深且相关意识淡薄，加上多数居民因收入水平不高而更关心产品价格和眼前或局部利益，以致认识不到自身消费行为与节约资源、保护环境之间关系密切，但是消费模式绿色化所倡导的消费水平要与生产力水平相适应的理念，顺应了时代发展和形势要求，是我国生态文明建设的重要组成部分，不仅有利于缓解资源短缺与环境危机问题，促进社会与自然环境协调发展，还能在合理利用现有资源和不破坏生态环境的前提下最大限度地满足当代人需求。因此，在国家不断加大对绿色消费的宣传引导、对绿色生产的财政税制扶持和对绿色市场的监管规范下，消费模式绿色化在"十三五"时期或将形成社会风尚。

趋势七：个性化多样化消费成为主流

现在随着居民财富的增长、技术手段的提升（如大数据分析）以及社会文化、价值观的多元化，加上消费主体目前主要由18~35岁的新生代和上层中产及富裕阶层构成，排浪式消费基本宣告终结，人们不仅更加注重商品和服务的品质、品牌以及生活质量与效率，而且消费也拉开了档次，"羊群效应"逐渐消失。与之相对应，个性化、多样化消费需求大规模兴起，渐成主流。其中，个性化消费需求是指居民在收入不断增加、知识日益丰富以及商品、劳务日渐多样等共同作用下更看重商品的个性特征，以期用之展示自我，而不只限于满足对物的需求。其特点有三：一是注重心理满足，追求个性、情趣；二是强调商品或劳务内在的质的要求，如商品的时尚性、独特性和安全性；三是关注消费的文化内涵，如商品的欣赏价值、艺术价值和文化特质等。多样化消费需求主要体现在两方面：一是不同个体表现出越来越多样的消费需求；二是同一个体在不同生活场景或领域的消费需求可能存在较大差异。总体上，其特点可概括为"广泛性、个体性、情感性、多样性、差异性、易变性和关联性"。

其他热点

让农村消费潜力充分释放[①]

党的十九届五中全会通过的《中共中央关于制定国民经济和社会发展第十四个五年规划和二〇三五年远景目标的建议》提出,健全现代流通体系,发展无接触交易服务,降低企业流通成本,促进线上线下消费融合发展,开拓城乡消费市场。在此新要求下,扩大内需除须关照中高端消费群体的转型升级需求外,还应满足数量庞大的"长尾人群"的基本型或改善型生活需求。作为"长尾人群"的主要聚居地,农村蕴藏的消费潜能固然令人欣喜,但也存在一些问题。

"喜"从何来

时代发展重塑了农民的消费观念。时至今日,农民的消费观念发生了翻天覆地的变化,突出体现在消费类型由抑制性消费转向扩张性消费;消费层次由满足生存的低层次消费转向偏好享受的高层次消费;消费结构由注重"衣、食"单一消费转向注重"住、用、行、康养和文化教育"等多样化消费。

脱贫攻坚增强了农民的消费能力。党的十八大以来,脱贫攻坚战全面打响,全国和贫困地区的农民收入水平、消费支出得到大幅提升。据统计,2018年贫困地区农村居民人均可支配收入与消费支出分别是10 371元、8 956元,相较2012年,年均增长率依序为10.0%和9.3%;2019年全国农村居民人均可支配收入与消费支出分别达16 021元、13 328元,同比增长6.2%和6.5%。

农村电商延伸了农民的消费触手。在互联网普及率逐步提升的趋势下,近年我国农村电商受到空前重视、发展势头迅猛。据统计,2019年全国农村电商用户与交易规模分别达2.3亿人和2.28万亿元,2020年交易规模或突破3万亿元。

[①] 本文原载于2020年12月29日《湖北日报》,作者为郭君平和曲颂。

通过电商连接供需"最初一公里"和"最后一公里",农民可突破时空壁垒或本地市场狭小的局限,提高消费品的可获得性和便捷性。

科技工艺拓展了农民的消费边界。科技创新与定制化生产丰富了产品种类,在一定范围内可满足农民对种类的最多选择。制造业工业化大规模生产增加了产品数量,在一定程度上可满足农民对"量"的更大需求。技术进步与工艺优化提高了产品品质,在一定时期可满足农民对"质"的更高要求。

"忧"生何处

低收入农民消费能力弱、水平低。当前,我国低收入人群数量仍然很庞大,且相当一部分集中在农村。这些低收入农民的消费需求正处于生存型消费向改善型消费过渡的阶段,虽然其消费意愿强烈且边际消费倾向高于中等或高收入农民,但面临"没钱消费"和消费水平低的困境。

高收入农民消费意愿弱、潜力小。相较中等收入或低收入农民,高收入农民虽然在消费需求层面更深一层,包含了自我实现的需要,且在产品选择上更主动、独立和理性,但其消费意愿和边际消费倾向更低,且消费需求并非随收入不断增加而无限扩大,而是渐趋饱和消费或"有钱不想消费"状态。

农村消费者维权困难较多,权益易受损。农民的风险防范与质量安全意识不够强,尚未形成良好的消费习惯,而且目前消费维权手段少、渠道窄、成本高、程序繁、周期长及取证难等,导致农民维权期望值偏低,甚至因陷入维权"死角"而被迫放弃,自担损失。

农民增收的动力、渠道和后劲不足,尚未建立稳定长效机制。尽管我国农村居民人均可支配收入增速连续10年高于城镇居民,但农民增收的一些深层次矛盾仍未化解:受季节气候、供求关系、宏观经济等因素影响,农产品价格走势难以预料;农民务工收入的阶段性、周期性波动特征明显,难以稳固。

农村基础设施相比城镇仍显匮乏,且消费环境不尽如人意。一方面,农村消费基础设施面临问题。另一方面,农村消费环境亟须整治。据调查,2018年全国农村集贸市场存在卫生脏乱差、占道经营、消防安全隐患和售卖假冒伪劣商品等现象。

其他热点

"路"在何方

拓展农村消费需求应顺应消费结构升级趋势，从农民消费能力、顾虑及服务体系等方面打通消费领域的痛点、难点和堵点。

着重增强农民消费能力。以节本、增效、提质为重点推进农业生产方式转变，增加农民经营性收入；继续发挥传统就业渠道的"稳定器"作用，加快培育农村双创园区，增加农民工资性收入；深化农村集体产权与土地制度改革，盘活农村集体资源资产，增加农民财产性收入；完善农业支持保护政策，构建新型农业补贴体系，增加农民转移性收入。

全面消除农民消费顾虑。通过健全农村市场监管体系、消费信用体系以及消费维权体系等，营造安全诚信的消费环境，让农民能"放心消费"。通过织密扎牢社会保障安全网、提升农村社会保障水平及建立农村住房保障体系等，降低农民住房、医疗、教育等大额支出负担，让其能"轻松消费"。

加快完善消费服务体系。一方面，健全农村现代流通网络体系。推动城乡基础设施与公共服务设施一体化规划、建设及管护，实现共建共享、互联互通；构建县乡村三级电子商务服务体系和快递物流配送体系，畅通工业品下乡渠道。另一方面，推进农村消费贷安全有序发展。鼓励农村信用社、新型农村金融机构和以服务农村为主的社区性中小银行提供适宜的农民消费贷款。

上篇 热点时评

以金融创新助"归雁"创业[①]

当前,返乡创业农民工、大学毕业生、企业主等"归雁"群体及"归雁经济"已是一种备受关注的时代现象。如何让想干事、能干事的"归雁"回得来、留得下、干得好甚至变身"领头雁",成为新的历史条件下亟待解决的重要问题。各地应冲破思想观念桎梏和利益固化藩篱,构建创新创业生态链,加快金融体制机制创新,切实增强"归雁"对金融扶持的获得感,进而在更大范围、更高层次实现"雁阵式"发展。

一是加强产品创新,贴近"归雁"创业的实际需求。贷款品种依据不同"归雁"的能力素质、技术水平、经济状况、创业条件、创业项目、资金需求、信用状况等量体裁衣、度身定做;贷款期限和额度根据主要用途、发展阶段(侧重初创期与早中期)、综合还款能力等因素适当放宽;贷款方式采用在授信额度内"一次授信、分次使用、循环放贷";贷款利率优惠至浮动空间的下限。

二是加强担保创新,提高"归雁"创业贷款可得性。抵押担保方面,扩大抵押担保的认定范围,积极创造各项动产和不动产的抵押贷款项目,探索将集体建设用地使用权、土地经营权、商品林权、养殖水面使用权、生产资料、自有住房以及宅基地等视同有效抵押物。信用担保方面,健全农村信用担保体系的制度环境,包括出台配套法律、设定信用担保机构的入市"门槛"和奖惩措施;整合农村地区的政策性、互助性、商业性的信用担保资源;因地制宜成立"归雁"创业贷款风险担保基金;建立担保机构与金融机构的利益共享、风险共担机制。

三是加强服务创新,提供优质、高效的金融服务。改进舆论宣传方式,除采用报刊、电视、广播、宣传栏、网络等渠道外,还通过典型案例、集中讲座、文

[①] 本文原载于2018年8月4日《农民日报》,作者为郭君平和曲颂。

艺演出、现场答疑、入户访问、设置金融知识服务站等形式,为"归雁"普及、解读创业金融政策、法律法规、信贷知识等;选拔、培养、储备一批面向"归雁"的金融管理人员和客户经理队伍,提升其主动营销能力和服务水平;搭建"归雁"金融服务室、取款服务点等平台;开展车载银行、银村合作、定时定点上门等流动性金融服务;推进金融电子化,发挥网上银行、电话银行、手机银行、自助设备等电子银行优势,改善结算环境,提高结算效率。

四是加强组织创新,构建多元化的农村金融体系。坚持统筹兼顾、功能互补、协调发展的原则,开放农村金融市场,鼓励创建农村资金互助社等微型金融机构;实行创业贷款贴息和担保费、保险费、营业税、所得税等减免政策,引导金融机构增加对"归雁"创业的信贷投入;创设奖惩激励制度,对在支持"归雁"创业中作出突出贡献的金融机构进行直接奖励;设立风险补偿基金,对出现贷款损失的金融机构按一定顺序和比例给予弥补;规范、引导民间借贷,使其成为农村金融体系的有益补充。

上篇 热点时评

发展数字普惠金融 助力乡村振兴[①]

近日,农业农村部印发了《关于2019年度金融支农创新试点政府购买服务有关事宜的通知》,要求总结可复制、易推广、贴近农民需求的金融支农模式,破解农业农村金融瓶颈制约,促进金融更好地服务乡村振兴和农业农村现代化建设。全面实施乡村振兴战略离不开真金白银的持续投入,须解决"钱从哪来"的问题。为此,中共中央部署加快形成财政优先保障、金融重点倾斜、社会积极参与的乡村振兴资金多元投入格局。发展面向小农户及新型农业经营主体的普惠金融不仅是乡村振兴的内在要求,也是深化金融供给侧结构性改革,建设现代化经济体系、实现经济高质量发展的题中之义。

我国普惠金融事业成绩显著

党的十八大以来,党中央高度重视发展普惠金融,出台了一系列支持政策,实施了推进普惠金融发展的五年专项规划,普惠金融事业取得了显著的成绩。尤其在农村地区,建立起了商业性、政策性和合作性金融机构等多元化、多层次的农村金融服务体系。财政大力支持的全国性农业信贷担保体系已初步建成,国有控股大型商业银行和中型商业银行成立了普惠金融事业部,金融科技异军突起,金融精准扶贫力度不断加大。但是,普惠金融发展的难点和重点依旧在广大农村地区。一些金融机构仍试图以"城市金融"的思维发展"农村金融"市场,面对"短、小、频、急"的农村金融市场创新动力不足。此外,农村信用体系不完善,信息基础设施滞后,金融生态环境亟待优化。这些因素都阻碍了农村普惠金融的发展。同时,农村产业新业态、新模式正加快发展,除农户外,各类新型

[①] 本文原载于2019年7月26日《经济日报》,作者为宁爱照和郭君平。

农业经营主体快速发展,对金融需求越来越强烈,亟待补齐乡村金融供给不足的短板,满足农村地区日益增长的金融需求。

金融科技的创新实践为打破农村金融困局、发展农村数字普惠金融提供了有效路径。得益于电商的快速发展、对金融创新宽松监管的环境和金融抑制下对长尾市场的发掘,金融科技以迅猛之势发展。以蚂蚁金服为例,成立7年来累计服务500多万家小微企业和个人创业者,累计贷款余额9 000多亿元人民币,是格莱珉银行(孟加拉乡村银行)创立40多年来放贷总额的7倍。再如微众银行,"微粒贷"向传统金融机构未能覆盖的中低收入人群授信,客户遍布31个省(区、市),截至2018年年末,各项贷款余额1 198.1亿元,有效客户超过1亿人。

构建农村数字普惠金融发展的良好生态圈

在全面实施乡村振兴战略的新时期,应充分发挥金融科技的作用,促进金融科技技术外溢,调动各类金融市场主体主动服务乡村振兴的积极性,构建农村数字普惠金融发展的良好生态圈,使农村数字普惠金融成为乡村振兴的助推器。

一是充分发挥财政对农村数字普惠金融发展的基础引导作用。构建财政与政策性金融在实施乡村振兴战略中的互动融合机制,加大普惠金融业务开展的奖励和补贴力度。加快"数字乡村"建设,为数字普惠金融发展提供完善的硬件条件;协同金融机构及金融科技企业等主体,推进乡村信用体系建设,为数字普惠金融发展提供良好的软件环境。支持包括政府各部门在内的各相关主体建立涉农基础数据平台,在确保数据安全与隐私保护的前提下,促进基础数据共享,降低各类农村普惠金融供给主体的数据获取难度和成本。

二是发挥商业性金融机构在农村数字普惠金融发展中的主力军作用。基于雄厚的资金实力、较完善的法人治理机构、丰富的管理经验和风控能力,无论是在城市还是农村地区,商业性金融机构始终都是金融资源的主要供给主体。当前,商业性金融机构应充分认识发展普惠金融的时代意义,主动进行经营战略调整。尤其是国有大型商业银行在坚持商业可持续的前提下,应主动承担发展普惠金融的社会责任和服务国家战略的时代使命,积极推进金融科技创新,借鉴同业先进

上篇　热点时评

技术和模式,到农村广泛拓展和深度挖掘"长尾市场",主动服务农村地区的"长尾客户",不断降低精准化、差异化获客和授信成本,持续创新服务和产品,加快探索并推广普惠金融可持续发展的模式。

三是发挥金融科技企业在农村数字普惠金融发展中的创新先导作用。各类金融科技企业是金融科技创新、投入和发展的先行军。一些金融科技企业借助宽松的监管环境,通过云计算、区块链、大数据及人工智能深度挖掘通过电商、社交、搜索获取的巨量数据,突破了困扰普惠金融发展的障碍,实现了降低人工和交易成本的"双降"和工作效率与风控能力的"双升",加速了我国数字普惠金融发展的进程。因此,在管控金融风险的同时,对金融科技企业到农村发展普惠金融应坚持包容审慎监管原则,大力支持金融科技企业开展业务及产品创新,并与具有网点和资金优势的农村信用社和邮储银行等金融机构优势互补开展合作,共同拓展农村普惠金融市场。

四是发挥政策性金融在农村数字普惠金融发展中的支撑开发作用。大力支持国家开发银行和中国农业发展银行与商业性金融机构合作,创新以支农转贷、批发贷款、金融债券等形式,支持农村数字普惠金融发展。此外,实体经济是金融发展的基础,离开乡村产业发展的普惠金融难以持续发展。政策性金融机构应面向农村地区提供融资融智服务,围绕当地特色产业、资源禀赋和发展条件等,不断加大长期信贷投放力度,发展产业链和供应链金融,促进农村产业振兴,为农村数字普惠金融健康发展提供内生动力。

下篇 战略分析

贫困治理

中国开发式扶贫：经验、问题及启示
——纪念改革开放 40 周年

20 世纪 80 年代中期，中国农村扶贫战略从过去通过经济增长来增加贫困农民收入为主并辅以适当救济的扶贫战略，转变为实行以促进贫困农民集中区域自我发展能力提高与推动区域经济发展来实现稳定减缓和消除贫困为目标的战略。围绕上述区域开发扶贫战略，逐步形成了一系列农村扶贫开发的政策措施，如组织保障政策、目标瞄准政策、增加投入政策、产业开发政策、减轻负担政策、异地搬迁政策、人力资源开发政策、社会扶贫政策以及国际合作政策等。2018 年，中国迎来改革开放 40 周年。今天，站在新的起点和征程上，总结其经验与做法、剖析现存主要问题以启示未来发展即是对历史的最好纪念。

一、经验与做法

1. 遵循六项"原则"

其一，坚持党政主导。扶贫开发是一种政治意愿，党政主导则是我国扶贫开发取得成效的根本保证和最重要经验。党政主导以扶持贫困群体、实现共同富裕为宗旨，将扶贫开发纳入各级政府经济社会的总体计划，并基于此制定扶持政策，加强组织领导以及增大投入力度。在中央政府领导下，各级地方政府须高度重视，认真贯彻扶贫工作地方首长负责制，按照"省负总责、县抓落实、工作到村、扶贫到户"的原则,明确目标,落实任务,强化责任。其二,坚持增收优先。解决农村贫困问题,根本措施在加快经济发展,增强综合实力;核心环节是让贫困农户共享发展成果,大幅增加收入、提高生活水平。其三,坚持提倡自力更生。任何外部力量都难以代替贫困农民自身在消除贫困过程中的努力。倡导自力更生就是坚持尊重贫困农民在扶贫开发中的主体地位,充分发挥他们的主观能动性,全程参与制定和实施扶贫规划。其四,坚持引导社会参与。既动员和组织包括东部沿海省市、各级党政机关在内的社会力量,又倡导、带动各民主党派、社会团体、民间组织、私营企业和志愿者个人,通过各种形式共同参与贫困地区的开发建设,以缓解和消除贫困现象。其五,坚持扶贫创新机制。在总结各地成功经验的基础上,不断完善扶贫开发政策措施,推进扶贫标准调整机制、识别瞄准机制、资金使用机制以及脱贫长效机制的创新。其六,坚持全面协调发展。贫困作为一种复杂的社会现象,其成因涉及文化、历史、政治、经济、体制、政策等诸多方面,必须通过全方位治理,促进贫困地区可持续发展,为贫困农民稳定脱贫创造条件。

2. 注重五个"结合"

一是将经济开发与贫困地区发展科技文化教育卫生事业相结合,提高贫困农民的综合素质,改变农民因文化素质低致贫、因缺医少药致贫的状况。2002—2010年,国家贫困重点县7~15岁儿童在校率由91.0%提高到97.7%;文盲、半文盲率由15.3%降至10.3%,大专及以上文化程度的劳动力的比例由0.2%增至1.3%。2017年,贫困地区在自然村上幼儿园和上小学的农户分别达到79.7%和84.9%。二是将扶贫开发与基层组织建设相结合,注重提高贫困地区干部带领群众脱贫致富的实战能力。三是将扶贫开发同计划生育相结合,鼓励贫困农民少生快富。四是将资源开发与生态环境保护相结合,走生态扶贫新路。五是将行政推动与市场驱动、国际合作相结合,着力推进开放式扶贫。

3. 立足四处"着眼"

首先,着眼贫困农村人力资源开发,提升存量、优化增量和提高技术含量。通过整合农村教育资源、启动农民教育工程、实施分类指导等多种方式,形成贫困地区农民教育培训合力，聚焦贫困农民能力建设。其次，着眼农业产业结构调整，注重延伸产业链条，构建合理、良性循环的最佳结构。因地制宜抓住增效开发重点，挖掘资源潜力，发挥比较优势，或提高科技含量，转劣势为优势，促使贫困山区群众尽快走上脱贫的道路。再次，着眼改善生产生活条件，切实加强道路、桥梁、农田水利等基础设施建设，促进稳定脱贫。贫困地区大多集中在自然条件恶劣、生产方式落后、基础设施薄弱、交通不便、信息不灵的深山区、荒漠区、高寒区和少数民族地区。2002—2010年，592个国家贫困重点县新增基本农田5 245.6万亩，新建及改扩建公路里程95.2万千米，解决了5 675.7万人、4 999.3万头大牲畜的饮水困难。2017年，贫困地区自然村通电话达98.2%，道路硬化达77.9%。最后，着眼培育贫困户脱贫的主体意识。贫困既是一种经济现象，也是一种文化现象。"治穷先治愚，扶贫先扶志"等理念即是将扶贫的内涵从物质、资金、技术等经济层面推移、扩展至帮助贫困农民转换思想意识、价值观念、思维模式和行为方式等文化层面。

二、现存主要问题

1. 过度依赖政府扶贫，忽视发挥市场机制的作用

作为政府职能之一，扶贫若不以政府为主导，不可能取得贫困治理的最终胜利，但是，政府扶贫不能由此否定和替代市场机制的作用。这是因为政府主导扶贫有其固有缺陷：一是现行扶贫开发战略和政策的制定主要基于传统计划经济思想，易出现各种行政管理弊端，政府行政决策和实施的主观盲动性较大。二是政府的资金供给能力有限，难以满足社会对扶贫资金的需求。三是多部门的参与和部门利益的存在使政府扶贫容易出现难以调和的矛盾，并很可能会相互削弱抑或抵消工作成效。四是政府部门的扶贫资金分配容易出现平均化结果。五是政府难以有效监管资金运行的安全性和投入使用的有效性。六是政府官员的高度流动性既不利于保持各项扶贫政策的连续性和实效性，也难以保证官员和管理人员以一贯认真负责的态度去执行、落实既定工作任务，减少扶贫项目的"短期行为"问题。

2. 注重被动服从，忽视培养贫困农民内生动力

一方面，我国自上而下的管制型贫困治理结构的突出缺陷是政府对贫困农民的发动和组织不力，贫困农民被排斥在治理结构之外，处于被动接受地位，从贫困农民的识别，到扶贫计划的制订、实施及效果评价等，政府未能有效吸收贫困农民参与的情况非常普遍。就贫困农民自身而言，由于文化素质低、谋生技能差，对行政体系形成了一种较强的依赖性和遵从心理。另一方面，前述管制型贫困治理结构要求中央至地方政府每年均须层层签订扶贫责任状。为完成任务，各级政府及其工作人员都有意或无意地要求贫困农民绝对服从，而忽视甚至放弃调动贫困农民的积极性与主动性。贫困农民或等待外部救济与馈赠，或被动参与由他人代为组织和实施的扶贫活动，缺乏选择余地。

3. 追求脱贫速度和数量，而未提升扶贫脱贫质量

突出表现在以下3个方面：一是扶贫重点始终放在增加贫困户的短期收入，而不够重视提高他们稳定的创收能力，例如，对科技推广、农业基础设施建设等领域的投入和支持力度相对较弱；二是扶贫重点关注较易实现的暂时性收入贫困，而对贫困具有更持久影响的"人类贫困"，如教育、卫生、医疗保健等基本公共服务供给未给予足够重视，尤其是对贫困家庭的长期收入将产生重大影响的人力资本投资支持不足。三是不少反贫行为属于临时性措施，缺乏长效机制，不利于脱贫效果的稳固与可持续。

4. 扶贫资金使用绩效总体偏低

由于地方政府存在将扶贫资金挪作他用的动机，缺乏贫困农户的参与，忽视对教育、卫生等的投入，绩效考评机制不完善，政府扶贫与银行信贷扶贫目标存在偏差，以及扶贫瞄准机制（包括财政扶贫资金的县级瞄准、扶贫资金的村级瞄准和扶贫项目目标瞄准）存在偏差等原因，开发式扶贫资金使用绩效整体偏低。例如，行政绩效方面，扶贫资金使用成本较高，资金利用率、到位率以及贷款项目立项率均较低；经济绩效方面，减贫幅度越来越小，资金投向不很合理，信贷扶贫资金回收率低；社会绩效方面，基础设施利用率低，扶贫重点县教育、医疗卫生水平仍较落后。

三、重要启示

开发式扶贫是适合中国国情兼具中国特色的扶贫战略。由于贫困问题的地区性及其成因的复杂性，实现大幅减贫目标必须植入更具综合性的扶贫观念或方式——将救济式扶贫与开发式扶贫有机衔接。这两种扶贫方式都是缓解贫困的重要手段，但因工作对象、目标瞄准机制等不同而发挥的作用具有明显差别。若片面、单独强调救济式扶贫，会促使贫困农民普遍产生依赖思想，国家财政将不堪重负；相反，若片面、单独强调开发式扶贫，将会忽略部分贫困农民的一些具体或特殊困难。可见，在当前及今后的扶贫工作中，为使更多地区和人群实现脱贫致富目标，促进政治稳定、经济发展以及社会和谐，既应实行以开发式为主的扶贫措施，多渠道增加贫困农民参与市场经济活动的机会，提升他们对生活相关决策的影响能力；同时也需衔接最低社会保障、社会救助等方式，保障贫困农民最基本的生存条件，如此才能增强他们抵御外部风险冲击的能力。当然，新时代开发式扶贫工作还需进一步拓展和完善。

1. 与区域经济发展互促互动，相互交融

既要坚持过去行之有效的扶贫经验，更应立足中央扶贫战略的重大转变，创新方式方法，着眼区域发展，以"区域经济发展带动扶贫开发、扶贫开发促进区域经济发展"为基本思路，因地制宜地将扶贫开发的每一个项目、每一项工作都与当地"十三五"规划、行业发展规划相衔接，以形成兼具地方资源特色、地域特色、人文特色等的区域发展与扶贫开发互动互促模式。

2. 与新型城镇化紧密结合，同步推进

新型城镇化与扶贫开发均是关系党和国家长治久安的国家重大战略问题和系统工程。目前，我国正处于新型城镇化快速推进时期，贫困地区应抓住优惠政策叠加的机遇，用好有利条件，发挥自身优势，将新型城镇化与扶贫开发工作有机结合起来，综合施策，相得益彰。一是将边远地区生存条件恶劣的农民纳入城镇建设规划内容，结合扶贫开发政策，采取一系列优惠政策鼓励和引导农民进入城镇，转为非农城镇人口；二是鼓励贫困农民通过搬迁、务工、就业、创业等形式在城镇落户，支持有技能的贫困农民在城镇优先落户。

3. 坚持"两手"抓，倾力寻求市场机制与政府目标的结合点

联合政府行为（看得见的手）与市场行为（看不见的手）以形成一个对立的统一体。其中，政府行为体现在政府按市场经济原理制定扶贫规则，设计有利于工商企业参与减贫事业的政策环境，即注重挖掘、导入市场元素，借市场之力减贫。市场行为表现为工商企业基于成本收益考虑，愿通过互利合作关系去贫困地区投资或扩大对贫困地区农产品的需求，从而推动贫困农民学会根据市场需求发展商品生产，并提高农业生产的专业化程度和进入市场的组织化程度，最终实现扶贫开发各方互惠共赢且效益最大化的目的。

4. 将乡村振兴战略融入开发式扶贫之中

摆脱贫困是乡村振兴的前提。未来是我国精准脱贫攻坚和乡村振兴战略实施并存和交汇的特殊时期，可从以下3个方面着手完善开发式扶贫模式建设：一是推进扶贫开发与乡村振兴战略形成相互支撑、相互配合、有机衔接的良性互动格局；二是将乡村振兴战略的思想和原则融入具体的开发式扶贫计划和行动之中；三是依托乡村振兴战略，补牢产业发展基础、改善基本公共服务、提高治理能力，巩固和扩大开发式扶贫的成果。

保险扶贫的"盐池经验"——以"2+X"菜单式"扶贫保"模式为例

保险以"风险保障"为立业根本,为自然灾害、市场风险、身体疾病、意外事故等导致的重大损失提供保障,具有明显的"扶危济困、雪中送炭"特征,与扶贫的理念天然契合。各地实践也证明,保险在助力解决贫困方面具有契约明确、杠杆效应、社会管理功能以及融资功能等其他行业不可替代的比较优势。用保险守住来之不易的扶贫成果,有助于为贫困户撑起脱贫保护伞、筑牢安全"防火墙",增强其抵御返贫致贫风险能力,开创"防贫"的崭新局面。

一、盐池县保险扶贫发展概况

盐池县位于宁夏回族自治区吴忠市,地处毛乌素沙漠南缘,下辖8个乡镇102个行政村,13.5万名农村人口,1986年被列为国家级扶贫开发工作重点县,贫困发生率一度高达75%以上。为保障贫困户"零风险"脱贫,2016年以来,盐池县将保险机制纳入脱贫致富的"工具箱",针对"滩羊肉价格受市场影响波动较大、因灾因病致贫返贫比重加大、贫困户可持续发展能力不强"等问题,按"保本、微利"原则,联合驻地保险机构在宁夏回族自治区率先实行"扶贫保",建立了政府、银行、保险三方合作机制,共筹资2 200余万元。

"扶贫保"项目采取"个人参保+政府补贴+商业保险"方式,为贫困户"量身定做"了"2+X"菜单式"扶贫保"。其中,"2"属于基础险,包括家庭综合意外伤害保险和大病医疗补充保险;"X"属于选择性险种,包括农业风险保、养殖基础保、金融信贷保等10种扶贫保险,贫困户可根据自身实际情况和产业发展需求自主择定。通过制订"一揽子"保险计划,同时提高保险额度、降低保险费率、拓宽保障范围,盐池县构建了覆盖所有贫困户的风险保障体系,实现了将因病、因灾、因市场波动所造成的影响降到最低。

二、"2"种基础险的扶贫机制

"扶贫保"项目中,"家庭综合意外伤害保险"和"大病补充医疗保险"属于政府兜底项目,旨在"保人"。

1. 家庭综合意外伤害保险

投保范围为所有贫困户,主要产品有中国人寿农村小额意外伤害保险和中国人寿附加小额意外伤害费用补偿保险,重点承担意外死亡、伤残以及意外医疗。保额及保费标准以户为单位,每户每年保险费100元/份,每户意外伤害保险金额9万元/份;意外伤害医疗保险金额0.9万元/份,除去100元免赔额后按80%赔付。承保规则是意外伤害采用清单汇交形式承保,投保人统一为县扶贫办,录入清单时按每户户口人数均摊保费、保额;保费由扶贫专项资金支付。

2. 大病补充医疗保险(保障型)

保费收取标准为90元/人,不设起付线,不实行分级累进计算法,不分疾病种类,最高报销额度为20万元。在城乡居民基本医疗保险报销后,参保贫困户的医疗费用在5 000元至大病起付线之间按50%报销,在起付线之上的,大病医疗保险报销后剩余费用由大病补充医疗保险按比例报销:个人自付的目录内医疗费用,由大病补充医疗保险报销80%,个人负担20%;个人自付的目录外医疗费用,由大病补充医疗保险报销补偿70%,个人负担30%,保险年度内最高报销额度2万元。大病补充医疗保险只承保参保人员因住院发生的医疗费用,不承担任何特定门诊和普通门诊。保费由扶贫专项资金支付。

三、"X"种选择性险的扶贫机制

(一) 养殖业险种:"保产业"

滩羊养殖、能繁母猪养殖以及基础母羊、种公羊养殖是盐池贫困户广泛参与的主导扶贫产业,是生产脱贫的主攻方向。为给重点扶贫产业提供多方位保障,缓解外部冲击带来的不利影响,在充分考虑贫困户风险承受能力的基础上,盐池县相应推出了扶贫专用的养殖业险。

1. 滩羊肉价格指数保险

投保对象为滩羊养殖的贫困户。滩羊肉(肉羊)保险金额为792元/只,保险费率为5%,保费39.6元/只,约定预期收益为44元/千克。其中,保费由县财政补贴和群众自筹(由扶贫专项资金补贴,下同)均摊。因价格下跌导致滩羊肉的销售收入低于保险合同约定的预期收益时,保险机构按保险合同约定负责赔偿。

2. 能繁母猪养殖保险

投保对象为饲养畜龄在8~48个月的能繁母猪的贫困户。能繁母猪保险金额为1 000元/头,保险费率为6%,保费60元/头。其中,保费由中央财政补贴(50%)、自治区财政补贴(30%)和群众自筹(20%)构成。因条款中规定的自然灾害、意外事故、疾病造成牲畜死亡,保险公司负责赔偿。

3. 基础母羊、种公羊养殖保险

投保对象为饲养基础母羊和种公羊的贫困户。基础母羊、种公羊保险金额为600元/只,保险费率为6%,保费36元/只。其中,保费由自治区财政补贴(41.7%)、县财政补贴(41.7%)和群众自筹(16.6%)构成。对畜龄在1.5~5周岁的基础母羊和种公羊,因条款中规定的自然灾害、意外事故、疾病造成牲畜死亡,保险公司负责赔偿。

(二)种植业险种:"保产业"

为确保主要粮食作物和经济作物种植稳定增收,根据贫困户生产经营的实际需要,推出了玉米收入保险、马铃薯收入保险、荞麦产量保险和黄花种植保险,将传统种植业保险的"保灾害"延伸到保"价格下跌和产量降低"的综合责任,贫困户生产经营的收益被牢牢兜住。

1. 玉米收益保险

投保对象为种植玉米的贫困户。库井灌区玉米种植保险金额为880元/亩,保险费率4%，保费35.2元/亩。其中，保费由县财政补贴和群众自筹均摊。因价格下跌或产量降低导致库井灌区玉米的销售收入低于保险合同约定的预期收益时，保险机构按合同约定负责赔偿。保险金额根据库井灌区玉米约定的合同价格和产量确定。约定收益为库井灌区玉米亩产530千克，每千克1.6元。

2. 马铃薯收入保险

投保对象为种植旱地马铃薯的贫困户。马铃薯旱地保险金额为700元/亩，保险费率为4%，保费28元/亩。其中，保费由县财政补贴和群众自筹均摊。因价格下跌或产量降低导致旱地马铃薯的销售收入低于保险合同约定的预期收益时，保险机构按合同约定负责赔偿，保险金额根据旱地马铃薯约定的合同价格和产量确定。约定收益为旱耕地亩产500千克，每千克0.7元。

3. 荞麦产量保险

投保对象为种植荞麦的贫困户。荞麦量保险金额为256元/亩，保险费率为5%，保费12.8元/亩。其中，保费由县财政补贴和群众自筹均摊。在保险期间，荞麦产量低于合同约定产量和价格时，保险公司负责赔偿。约定产量为亩产64千克，每千克4元。

4. 黄花种植保险（灾害险）

投保对象为种植黄花的贫困户。黄花种植保险金额为1 000元/亩，保险费率为6%，保费60元/亩。其中，保费由自治区财政补贴、县财政补贴和群众自筹构成，分别占50%、30%、20%。在保险期间，由于自然灾害及晾晒期间连阴雨等给贫困群众种植的黄花菜造成损失时，保险公司负责赔偿。

（三）人身险种："保贷款"

1. 村级互助社成员保险

投保范围为16~65周岁人员。主要产品包括中国人寿农村小额扶贫贷款借款人定期寿险、安心意外伤害保险以及农村小额扶贫贷款借款人意外伤害保险。保费标准按主借款人的借款金额执行2.5‰的优惠费率；主借款人家庭的其他成员按主借款人的借款金额执行每人0.5‰的优惠费率。主借款人承担意外死亡、疾病死亡、高度残疾，连带家庭成员承担意外死亡和意外伤残，连带配偶、子女不承担疾病死亡保险责任。承保采用清单汇交形式，由各村互助社统一缴费。保费由村互助资金占用费中的公益金进行支付。

2. 金融信贷险

投保范围为18~65周岁人员，主要产品有安心贷意外伤害保险和安心贷定期寿险。其中，安心贷意外伤害保险承担意外死亡、意外伤残，其保险费率为2.5‰，意外死亡赔款按贷款金额赔付，意外伤残按人身保险伤残评定标准执行。安心贷定期寿险承担疾病死亡、意外死亡、高度残疾，其规定贷款30万元以下的保险费率为4‰，贷款30万元以上的保险费率为4.5‰，意外或疾病死亡赔款按贷款金额赔付。承保规则是由借款户先行购买，年底依据代理银行系统出单或POS（销售终端）出单给予借款的贫困户补贴。保费由贷款客户自行承担。

四、持续推进"扶贫保"的保障措施

在风险可控的前提下，整合各类资金，坚持政府引导和市场化运行，充分发挥保险行业优势，具体保障措施如下。

1. 政保联动，建立风险分担补偿机制

为保证合作保险公司投保积极性和理赔及时性，由县政府等筹资1 000万元设立风险补偿金，让保险助力脱贫攻坚工作也装上"保险"。具体由审计局负责一个保险周期投保及理赔情况，监察局和财政局配合。在一个保险周期亏损的情况下，亏损部分由政府启用保险风险补偿金承担60%，合作保险公司承担40%，实现风险共担。在一个保险周期的盈利情况下，盈利部分的60%返回风险补偿资金池，逐年滚存放大，周转使用。

2. 开拓创新，启动一站式直付理赔

精简优化工作流程（"免报案、免申请、免等待、免临柜、免资料"），提高办事效率，抑或探索"不见面，立刻赔"的理赔服务新模式，让贫困人员出院时可自动结算"扶贫保"家庭意外伤害保险及大病补充医疗保险赔款，真正实现了"让数据多跑路，让群众少跑腿"。

3. 由点到面，推进保险服务网点建设

在强化市场准入管理的前提下，开通绿色通道，在"扶贫保"覆盖的乡镇建立保险服务部、服务站，组建农村协保人员队伍，提高保险服务贫困地区的能力。

4. 强化宣传，提升"扶贫保"影响力

充分利用各种有效渠道和主流媒体，多层次、多形式地扩大宣传面，加强险种理赔和保险知识的专业宣传，提升贫困群众的风险防御意识和保险意识，为开展"扶贫保"创造良好的外部环境。同时，发挥扶贫部门广泛健全的基层组织网络优势和保险机构健全、专业服务的优势，及时宣传国家扶贫政策、"扶贫保"惠农政策以及对参保家庭的益处，提高贫困群众学保险、懂保险、用保险的能力和水平，实现"花小钱、保大钱"。

5. 多措并举，优化"扶贫保"项目

一是强化优势特色产业保险。加大优势特色产业保险发展力度，持续"提标、扩面、增品"，调整更新"扶贫保"优势特色产业保险指导目录。二是扩大保险覆盖面。在现有保费不增的前提下，优化家庭意外伤害保险产品责任，提高每个贫困户成员的保险保额。扩大借款人意外伤害保险责任，提高"扶贫保"覆盖面，使更多贫困户享受到特惠的保险费率。三是适度降低保险费率。在条件允许范围内尽可能降低保险费率，提高保险保障，重点服务单老双老户、患大病长期慢性病人口和贫困残疾人等突出困难群体。

未来，为让"2+X"菜单式"扶贫保"模式更广泛、更好地发挥作用，应大力拓展媒介渠道，多形式、大范围宣传普及保险理赔知识，增强易贫户的风险防御与保险意识，以创造良好的外部环境。同时，挖潜扶贫部门的组织网络优势和保险机构的专业优势，积极推广"2+X"菜单式"扶贫保"模式，提高易贫户学保险、懂保险、用保险的能力和水平，消除认知盲点和误区，实现"花小钱、保大钱"，逐步远离"贫困陷阱"。

进城农民工子女的教育融合问题及对策研究
——基于社会排斥视角

随着农民工的迁移模式逐步由个体迁移向家庭式迁移转变，进城农民工随迁子女的规模也随之不断扩大。2017年，全国外出农民工数量增至17 185万人，义务教育阶段随迁子女数量高达1 406.63万人，占全国义务教育阶段在校生总数的9.7%[1]。随迁子女教育问题关系到上亿流动人口的切身利益，妥善解决随迁子女教育问题是促进社会和谐稳定、解决我国人力资源短缺问题以及提高教育资源配置效益的重要途径。

一、随迁子女受教育融合的现状及问题

1. 农民工子女随迁率总体较低

2016年全国义务教育阶段在校生中有随迁子女1 394.77万人，留守儿童1 726.29万人，农民工子女随迁率为44.7%，留守率达55.3%[2]，即进城农民工携带子女入城接受义务教育的比例不足一半，多数农民工子女与父母人为分离，留在农村。由于缺乏父母的直接教育和亲情呵护，留守儿童容易出现学业不佳、德行失范和心理失衡等一系列教育、情感问题，成为外出农民工的最大牵绊。从学段上看，小学阶段农民工子女的随迁比例高于初中阶段。2017年全国义务教育阶段小学在校生人数为10 093.70万人，初中在校生人数4 442.06万人，其中，进城务工人员随迁子女在小学就读1 042.18万人，约占全国小学生在读总人数的

---

[1] 数据来源：国家统计局发布的《2017年农民工监测调查报告》和教育部发布的《2017年全国教育事业发展统计公报》。

[2] 数据来源：教育部和东北师范大学中国农村教育发展研究院联合发布的《中国农村教育发展报告2017》。

10.32%；初中就读364.45万人，约占全国初中生在读总人数的8.20%。① 初中年龄段随迁子女85.9%在公办学校就读，9.7%在有政府资助的民办学校就读。尽管民办农民工子女学校在接纳农民工子女入学方面作用巨大，但大部分民办学校的校舍、师资、设备远不及公立学校，教育质量也不高，无法满足农民工子女平等接受城市优质教育资源的权利。

2. 随迁子女城市就学面临诸多难题，"上学贵"和"升学难"问题较为突出

随迁子女在城市中上学面临诸多问题，如费用高、本地升学难、孩子没人照顾、交通不便、学习成绩不好、师资条件较差等。根据2017年农民工监测调查报告，对于3~5岁的学龄前儿童，55.7%的农民工家长反映在城市入园面临一些问题，费用高、本地升学难是农民工家长认同度最高的两个主要难题，认同率分别为50.4%和37.3%。对于义务教育阶段的随迁子女，55.8%的农民工家长反映上学存在困难，费用高、本地升学难同样是农民工家长认为最突出的两个难题，认同率分别为26.4%和24.4%。

3. 随迁子女在学校遭遇文化冲突，难以融入城市教育

农民工子女与城市居民子女在交往中暴露的文化冲突问题成为教育融合的主要障碍。由于来自不同地域，农民工子女带有的乡土文化习俗与城市主流文化存在较大的异质性，容易产生价值判断、认知和社会行为方式等错位。农民工子女遭遇的文化冲突可分为3个层次：其一，表层文化冲突，主要指衣着风格、卫生状况、语言及饮食习惯等方面差别；其二，中层文化冲突，主要指行为规范、消费观念和家庭教育方式等方面差别；其三，深层文化冲突，主要指身份标签、价值认识等方面差别。农民工随迁子女面临的各种文化冲突，本质上反映了我国当前城市文化与农村文化之间的矛盾，若不能妥善解决，可能会衍生诸多社会不稳定问题。

---

① 数据来源：教育部发布的《2017年全国教育事业发展统计公报》。

二、随迁子女教育融合问题的原因分析

1. 二元户籍制度是造成随迁子女教育融合问题的根源

尽管国家明确要求各地政府高度重视农民工随迁子女义务教育公平问题,但因优质教育资源有限,流入地政府仍然会按照户籍制度优先安排本地区学龄儿童入读公办学校,对于农民工随迁子女,流入地政府会制定本地区的就学接纳标准,有的要求随迁子女父母出具各种入学所需的繁杂证明,有的甚至以抢占教育资源为由,要求缴纳"捐赠款""赞助费"等,让农民工知难而退。隐藏在二元户籍制度背后的教育排斥是制约农民工随迁子女平等享受优质教育权利的最大"瓶颈"。

2. 流入地对随迁子女的额外教育资源供给不足

据教育部数据显示,2010年全国义务教育阶段在校生中农民工随迁子女1 167.17万人,2017年扩张到1 406.63万人。[①] 规模庞大的随迁子女对流入地的教育资源供给能力带来了严峻挑战,尤其是经济发达的长三角、珠三角地区是跨省流动农民工随迁子女的主要流入地,占全国跨省流动农民工随迁子女接收总量的一半以上,面临教育资源短缺问题更为严重。[②] 虽然从2008年起中央财政安排了进城农民工随迁子女接受义务教育奖励资金,但奖励资金相对流入地政府应承担的随迁子女义务教育财政性教育经费总量而言,比例还非常小,远远无法满足流入地承担随迁子女教育经费的需求。以深圳为例,2013年深圳义务教育阶段随迁子女约38.2万人,如果所有的随迁子女进入深圳公办学校,需增加教育经费35亿元,财政需要负担29亿元。上述费用还不包括土地、校舍、教学设施等资本性投入[③]。

---

① 数据来源:教育部发布的《2010年全国教育事业发展统计公报》和《2017年全国教育事业发展统计公报》。

② 李超,万海远,田志磊. 为教育而流动——随迁子女教育政策改革对农民工流动的影响 [J]. 财贸经济,2018,39 (1):132-146.

③ 雷万鹏. 新生代农民工子女教育调查与思考 [J]. 华中师范大学学报(人文社会科学版),2013,52 (5):139-146.

3. 现行义务教育财政体制设计有待改善

在当前"各级共担、省级统筹"的义务教育财政体制下，流入地县级政府是事实上的随迁子女教育经费配置主体。"两为主"政策自2001年提出以后，一直作为解决进城农民工随迁子女义务教育的基本政策在此后的重要政策文件中不断强化。但是在历次文件中，中央只是对流入地政府提出了教育投入和管理上的要求，既没有赋予相应的财税权限，也没有给予其经费投入上的支持，这种教育财政体制设计上的"财权上移、事权下移"造成中央与地方、流出地与流入地政府教育财政负担不均衡，往往会导致流入地政府消极对待农民工随迁子女的义务教育问题。特别是农民工子女教育发展越好的区域，越容易出现"鞭打快牛"现象，其财政压力越大。

三、促进随迁子女教育融合的对策建议

1. 推进户籍制度改革，逐步取消教育福利身份差异

继续深化城乡二元户籍制度改革，逐步取消附着于户籍上的教育福利分配制度，建立以城市常住人口为基准的城市规划制度，保障农民工的自由迁徙是解决随迁子女"上学难""升学难"的主导方向。鉴于各地在经济社会发展水平和户籍承载优质教育资源机会上的差异，当前剥离户籍制度的教育福利功能并不现实，只能采取渐进式的改革路径。短期内，在随迁子女入学上，应简化入学手续、减少限制性证明材料，可采取主要依据居住证就近入学的保障政策，明文禁止各地附加的潜在条件和乱收费现象；在随迁子女异地中考、高考的问题上，主要采取依据"居住证+居住年限+连续就读年限"的改革路径，居住年限和就读年限分别对应家庭对本地的贡献以及摆脱高考移民质疑。

2. 完善义务教育财政体制，强化中央和省级政府主体责任

首先，细化中央和地方政府在农民工随迁子女义务教育经费配置上的分摊比例，对于跨省流动的农民工家庭，中央财政应承担其随迁子女义务教育一半的投入责任；而对于省内流动的农民工家庭，省级财政应分摊一半的投入责任。其次，中央应加大对流入地尤其是农民工随迁子女流入集中地区政府的专项转移支

付力度。中央财政可基于全国中小学生学籍信息管理系统的信息资源，加大对流入地政府购买教育服务的专项转移支付力度，为流入地政府解决随迁子女义务教育问题提供充足的财力支撑。最后，完善流出地、流入地政府以及同层次、同区域政府间政策协调机制。流入地政府应加快推进户籍、异地升学等制度改革，消除身份差异，扩大公办学校接收随迁子女的规模，同时在农民工居住较为集中的城乡接合部进行科学的学校布局，发挥公办学校作为接收随迁子女入学主渠道的作用。流出地政府及其他层级政府应配合做好农民工子女学籍信息和教育经费转移，共同维护随迁子女入学和升学权益。

3. *加强管理和服务，扶持民办农民工子女学校规范发展*

流入地政府除作为接收随迁子女的主渠道外，还应积极扶持、规范管理以接收农民工等流动就业人口子女为主的非公办学校。鼓励政府以购买教育服务的方式，加强对民办农民工子女学校的扶持力度，促进义务教育办学形式多样化，同时节约政府征占地、配师资、保运转的经费开支，减少因生源不稳定所导致的公办教育资源浪费。流入地政府应实事求是地制定审批办法和办学标准，组织民办学校参加专业教师培训、教育质量监测等工作，把民办学校全面纳入政府监管和服务范围，引导民办学校依法规范办学，提高办学质量。

4. *营造文化融合育人环境，促进农民工子女健康成长*

一方面，关注留守儿童成长教育。建设好全国中小学电子学籍系统，实现对留守儿童的动态监测；发挥寄宿制学校积极作用，增强留守儿童的归属感，减少其情感上的孤独感；组织和帮助留守儿童进行心理咨询辅导、参与文娱活动，并为其搭建亲情电话、网络视频等与家长沟通的平台。另一方面，营造随迁子女文化融合的育人环境。鼓励农民工子女与城市儿童混合编班，实现教育过程平等；开发文化教育融合的校本课程，融合介绍城市社会文化和不同地域农村独特的文化传统、生活习俗，让城乡儿童了解城乡文化差异并融会贯通；加强校园文化建设，形成包容、和谐、友爱的文化氛围，让城乡儿童在交往中消除隔阂、共同成长。

农村土地

农村土地制度改革的"金川经验"[①]

金川区是甘肃省金昌市的政治、经济、文化中心，下辖 2 个镇、27 个行政村，6 个街道、26 个城市社区。全区耕地面积 26.17 万亩，农业人口 4.82 万人。2014 年，农业部[②]等 13 个部委批复金川区为第二批农村改革试验区，先后承担农村土地承包经营权确权登记颁证、流转管理、"两权"抵押贷款以及农村土地制度改革等国家级试点任务。2017 年，金川区被核准承担农村土地制度改革试点任务，区委、区政府高度重视，积极开展农村土地制度改革，时至 2020 年其工作成效令人瞩目，不少创新经验值得在全国范围内借鉴和推广。

一、主要做法

1. 强化组织领导，抓好改革落实

为顺利推进改革试点工作，金川区成立了由区政府主要领导为组长，区委、区政府分管领导为副组长，区委办、政府办、宣传部、政法委、政研室等 25 家单位（部门）主要负责人为成员的农村土地制度改革工作领导小组，并制定联

[①] 本文原载于 2021 年第 2 期《研究简报》（中国农业科学院农业经济与发展研究所），作者为郭君平、夏英和曲颂。
[②] 中华人民共和国农业部，简称农业部。2018 年，国务院机构改革，将农业部的职责整合，组建中华人民共和国农业农村部，简称农业农村部。

席会议制度，研究解决改革工作中出现的困难和问题，把握改革方向，避免多走路、走歪路，确保土地制度改革能保质保量按期完成。

2. 深入宣传发动，充分尊重民意

为确保土地托管、农村土地承包经营权有偿退出、老宅区复垦等改革任务顺利推进，金川区组织力量，通过入户走访、召开村民大会、利用新闻媒体、乡村大喇叭等方式大力宣传动员，营造了土地改革的良好氛围。特别是在开展以农户土地经营权有偿退出"以地换房"工作时，采取由县级领导包村，举全区之力抽调精干人员组成工作组，包组包户进村入户，通过召开群众会议、座谈会，上门听取意见，优化完善政策举措，充分调动了农民积极性，让"以地换房"改革更符合农民意愿，推动形成了由农户抵制到勉强接受再到积极配合的转变。

3. 组建法律团队，依法推进改革

为牢牢把握改革方向，切实维护广大农民利益，金川区组建了法律顾问团队，全程提供法律咨询服务，既做到农户自愿，又不违背、损害农民利益。结合前期摸排情况和有意愿退出农户的诉求或建议，在坚守土地集体所有制性质不改变、耕地红线不突破、农民利益不受损的底线前提下，制定了《金昌市金川区土地承包经营权自愿有偿退出实施办法（试行）》，制定统一模板的《土地承包经营权自愿有偿退出申请表》。为防止农户有偿退出土地承包经营权后出现经济及权属纠纷，拟定村民小组户代表会议关于农户自愿有偿退出土地承包经营权的决议（模板）和土地承包经营权自愿有偿退出补偿的协议书（模板）。制定实施了《宁远堡镇农村危旧房拆除改造和残垣断壁清理工作实施方案》，稳步推进农村集中连片的新居民点建设和老宅基地复垦工作，签订旧宅拆除协议。鼓励农户自行拆除危旧房屋，经区、镇两级验收合格后，按照拆旧建新的不同类别，适当给予1.25万~2万元奖励补助。同时，对新居民点或异地修建新宅的农户，原有宅基地退回农村集体所有。

4. 强化改革基础，健全服务体系

金川区充分利用开展农村改革试验区、农村土地承包经营权确权登记颁证、农村土地流转管理、集体产权制度等各项试点工作契机，着力夯实改革基础，促进市场体系进一步健全，有效激发农业农村蕴含的潜能。完成农村土地确权登记颁证工作，颁发证书10 733本，颁证率97.3%，农户土地权属明确；完成土地流转管理制度建设，成立了区、镇、村三级农村土地流转管理服务机构，"区有土地流转服务中心、镇有土地流转服务站、村有土地流转服务站"的服务体系全面形成；完成产权制度改革，共界定农户15 933户，成员47 540人，身份界定率98.4%，总股数58 979股（其中：成员股47 549股，劳龄股10 753股，文明股636股，贡献股21股，扶贫股20股）；此外，完成股份经济合作社组建工作，统一换发了由农业农村部监制的农村集体经济组织登记证。同时，建成投入运行金川区农村产权交易大厅，完善区、镇、村三级农村产权流转服务体系，规范了集体资产股权担保、抵押、继承、退出等机制。

二、金川经验

1. 土地托管服务

以土地托管服务为切入点提供农业生产服务，其核心在于不改变土地权属，不涉及农民土地权益，通过服务化解家庭经营中的细碎问题，开辟了实现农业适度规模经营的新路径，较好地解决了"谁来种地""怎么种地"的问题。金昌市土蛋蛋农业农民专业合作社探索入股社员二次认领合作社种植作物分红新模式，合作社完成定植后，召开社员大会，社员根据自身资金、种植技术等情况认领种植面积，年底收入先按照认领面积投入成本进行第一次分红，第一次分红后将属于合作社的红利在提取公积、公益金后，按8%的利润进行二次分红。通过两次分红，社员在获得土地保底收益的同时，还可获得种植作物管理经营增值收益，这有效调动了社员的积极性，并进一步促进了合作社的良性发展。

2. 土地承包经营权自愿有偿退出

以西坡村为试点村的城中村改造建设项目中，分两期进行建设并在实践中探索创新了"以地换房产、以地建保障"的模式。每户农户只要人均退出在城市规划区内的1亩土地承包经营权（因为建设时间不同，随着经济发展、物价变化和楼房建筑结构的不同，所以一期人均退出1亩地、二期人均退出1.4亩地，以此来平衡成本），就可换取人均 24 平方米住宅和 30 平方米的经营性资产，按现价计算户均资产可达 100 万元以上。通过分户自主经营、联户经营、企业联合经营等 3 种模式，人均每年最低收入 6 840 元；让原来每户占用 1 亩以上的宅基地变为住宅楼，可节约 80% 以上的建设用地，盘活了旧宅基地和其他未利用地，为城市扩容提供了建设用地。

3. 改造复垦老宅区

宁远堡镇龙景村以入选第二批全国乡村旅游重点村为契机，借助农村土地制度改革和"三变"改革，发展乡村旅游，盘活农村闲置资产，拓宽农户致富渠道，推动乡村产业发展。龙景村 13 户农户利用闲置宅基地使用权入股金昌天庆房地产开发公司，由天庆公司向每户投资 30 万元，实施龙景村野狐湾民宿开发项目，打造以餐饮、住宿、旅游为主的民俗群，建成后民宿所有权归农户，天庆公司获得 15 年开发运营权，每年为农户支付宅基地分红 1 000 元。目前，项目正在实施中，预计 2021 年年底建设完成，2022 年投入使用。

4. 土地改革中风险防控

一是建立农业保险体系，稳步推进土地托管。为增强农业抗风险能力，金川区大力推广农业保险，建立健全了农业保险体系，有效降低了因干旱、冰雹、暴雨、洪水等恶劣天气导致的气候性风险及火灾、虫灾等灾难性风险。2019 年，金川区完成中央和省级农作物种植品种保险任务，全区承保高原夏菜达 2 197 亩；2020 年，金川区印发实施了《金川区 2020 年农业保险工作实施方案》，进一步扩大农业保险范围，中央补贴马铃薯、大田玉米 2 个品种，省级补贴高原夏菜、设施蔬菜等，切实为全区土地托管稳定发展提供了坚实的风险保障。

二是健全社会保障制度，解决农民后顾之忧。针对西坡村城中村改造实际情况，凡参加以地换房产的农户，由政府在城市规划区外配套集中生产区，为村民无偿划拨 330 平方米的生产用地，解决了农户特色种养殖和堆放农机具的难题；采取"以奖代补促拆旧"的政策，农户只要自行拆除旧宅，签订以地换房协议，即可获得人均 1 万元的装修奖励。同时，通过经营性资产的规划建设，帮助进城居住的农民完成了资本积累，使西坡村村民从传统农业收入为主的低收入人群，转变为以稳定的资产收入和股份收入为主的中等收入人群，解决了失地进城农民的后顾之忧。

三是把握重点关键环节，构建多元化解机制。不断加强各镇在土地流转、托管、有偿退出、拆旧建新等方面的服务和指导职能，提高基层政府的服务意识与水平，切实发挥村党组织、村委会等农村基层组织对农村纠纷的调解疏导作用，从源头化解矛盾。特别是金川区针对农村多年土房旧房拆除难度大、任务重的问题，组织相关部门收集整理台账信息，摸清底数，形成固有存量，做到底数清、情况明、对象准、任务实，做到"对症下药"。切实严格工作要求，做到拆旧建新的对象、面积、补偿标准等都准确，严格落实政策兑付标准。认真及时做好拆旧复垦兑付资金补助，确保拆旧复垦工作有序实施，防止引发社会矛盾。

三、取得成效

金川区严格按照国家和省市要求，采取梯次展开、压茬推进的工作思路，纵深推动各项改革任务，取得了显著成效。

1. 通过托管土地，让农民"坐享其成"

开展土地托管服务有效解决了农户外出打工造成耕地荒废的问题。在金川区中，主要以"菜单式"托管服务为主、为农户提供耕、种、管、收等服务。金昌市井田盛农民专业合作社探索以"保姆式"托管方式，将九个井村190户农户的5 600亩耕地全部进行托管，统一规划种植、销售。由于整村土地托管带来的便利、吸引了敦煌种业金从玉公司投资建设供粤港澳蔬菜基地。为便于开展服务，九个井村8户农机大户组建金康盛农机合作社，购置各类农机具48台，提供"五统一"集约化全程服务、与金从玉公司签订开展机耕、机整、机播、机防、储藏、运输等农机作业半托管服务，年作业总面积达2.88万亩，成员人均收入8万余元，实现了农业增效、农民增收。金昌市土蛋蛋农业农民专业合作社通过土地入股，将农产品种植由农户分散种植转变为统一种植、销售、服务的集中管理模式，促进农业适度规模经营。

2. 通过"以地换房"，让农民享受市民待遇

通过土地承包经营权有偿退出，探索出"以地换房"改造模式，按照城市

标准完成了城中村基础设施和公共服务设施的规划建设，社区服务、社会保障、就业服务等基本公共服务全面配套，不仅让城中村的居民转变身份成为市民，也让更多进城务工和从事二三产业的农民在城市获得了稳定居所，促进了人口向城镇聚集。通过"以地换房"，让居民获得了沿街店面等经营性资产，有更多时间和精力从事二三产业。按照城市标准建设的一系列基础配套设施逐步完善，彻底改变城中村的人居环境，大幅提升城乡接合部的总体品位，有效改善了广大居民的生活质量。同时，推行户籍制度改革，消除了依附在户籍上的教育、医疗、低保、参军、社会保障等方面的制度差别，统筹发展教育卫生、文化等各项社会事业，城乡居民社会养老保险和医疗保险实现了城乡一体化，参保率分别达到95.7%和95.29%。

3. 通过拆旧复垦，促进了土地集约化经营

通过旧宅复垦，将新农村建设以来遗留的废弃旧宅、裸地、未利用地整治为水浇地，把分散的小块田尽可能整理成集中连片的大块田，增加了耕地面积，盘活了农村建设用地资源，对实现金川区耕地总量动态平衡起到补充作用。目前宁远堡镇经旧宅复垦和土地整理后新增耕地4 890亩。通过旧宅复垦使耕地结构更加合理，更适合规模化经营和产业化发展，形成了完善的灌溉、田间道路和防护林体系，提高了土地产出率，促进了土地集约化经营，并增加了群众收入。通过拆除废弃旧宅，对零散村庄进行迁村并点集中安置，不仅使农民聚集程度提高，居民点用地趋于集约合理，改善了人居环境，促进了乡风文明和村容整洁。

四、重要启示

第一，以市场化运作的土地托管服务，能有效解决小规模农业经营如何融入现代农业发展的问题，并把农民从农业生产中解放出来，因而具有广泛适应性。

第二，农村土地承包经营权自愿有偿退出要综合考虑土地承包经营权到期延包政策、村组基础条件、耕地结构、人地矛盾、村组所处区域、产业发展等因素，不利于在耕地资源丰富、有大量种植经济作物、以农业为主导产业的镇村或在二轮土地承包政策人地矛盾突出的镇村开展；有利于在集体经济雄厚、龙头企业项目带动性强的村组开展。目前"以权益换收益"模式因极易引发社会矛盾

下篇　战略分析

而不适于全面推广。"以地换房"模式，有利于在尚未开发的城中村推广。

第三，规划建设集中连片新居民点，必须遵循土地利用总体规划和村镇规划，尽量采取"进滩增地"模式进行。同时，对农村利用不合理的分散、闲置、废弃、拆除的旧宅基地进行整治复垦，实现占补平衡；应结合土地整理、复垦项目提早谋划、长远规划，规范有序推进；可将腾退土地中不适宜耕种的部分土地作为建设用地，并做好集体土地入市储备。

农村土地

农村土地纠纷的量化评估与防控化解建议[①]

改革开放以来,土地家庭承包经营对促进农业的快速发展提供了坚实的制度基础,其意义深远。但随着国家惠农政策力度扩大和城镇化进程加快,人地矛盾和农地制度尚不完善引发的纠纷问题日益受到广泛关注,及时评估农地制度改革中的土地承包经营纠纷状况,对于科学判断农地改革绩效、更有针对性地完善农村土地制度意义重大。2015年,课题组基于新背景、新动态下农村土地纠纷的大样本数据,对农村土地纠纷的现状、特点和演变趋势进行量化评估,其结论可为及时防控、化解农村土地纠纷提供决策依据。

一、农村土地纠纷的现状与量化评估

本次调研采用多阶段分层抽样法,调研范围覆盖东部、中部、西部7个省份,重点瞄准农业部确定的土地确权试点省份和土地流转活跃地区,在12个整省份开展土地确权的省区中选取5个省份,即四川、江苏、吉林、河南、山东;外加2个非整省份确权的浙江和黑龙江作为对照组。由此,调研共涉及190个村1 911户农户,最终收回有效问卷1 896份。基于对大样本问卷数据的梳理和汇总,加以定量分析,结果表明,样本地区的土地纠纷呈现诸多特征。

(一)农村土地纠纷的基本特征

1. 土地纠纷的总体发生率

总体上,调研地区的土地纠纷发生率低于10%。具体地,按纠纷发生件数

---

① 本文原载于2017年第2期《研究简报》(中国农业科学院农业经济与发展研究所),作者为曲颂、夏英和张法顺。

下篇 战略分析

统计，2005年以来平均每村每年发生纠纷5.75件，以概率表示，即样本地区近10年来土地纠纷发生率为9.35%，这意味着，大约每10户农户发生1件土地纠纷；按纠纷涉及的户数计算，2005年以来平均1件纠纷涉及0.72户，也就是说平均每户家庭发生的纠纷多于1起，以概率表示，即平均每村发生过纠纷的农户约占6.77%。由以上两个概率可知，样本地区的土地纠纷发生率都低于10%，基于本项研究所采用抽样方法的可靠性，我们可以推测全国范围的承包纠纷发生率也基本保持在10%以内是大概率情况。按照件数统计的纠纷发生率和按照户数统计的发生率之间的差异，也反映出存在一户家庭有多起纠纷，纠纷较集中于某些农户的情况。因此在解决土地纠纷问题时除了要降低面上的纠纷总数，还应关注个别重点户，彻底除掉纠纷存在的根源，提高政策瞄准率。

2. 土地纠纷的地域特征

从分省份情况来看，各地区的纠纷发生率差异较大。具体地，按纠纷件数计算，吉林的纠纷发生率最高，达到了22.6%，超出总体平均水平（9.35%）的两倍以上，反映其近10年来1/5以上的农户曾发生过土地纠纷。随之，黑龙江和四川的纠纷发生率也较高，均高于总体水平，分别为17.0%和11.0%，山东的发生率接近于样本均值，为9.1%，纠纷低发的河南、江苏和浙江，发生率集中在2%~4%。分析各省份纠纷发生率相差较大的原因可能是，吉林和黑龙江作为农业大省，人均耕地多，农民的收入来源以农业生产为主，因而特别重视土地经营，容易因土地问题引发矛盾或纠纷，而非农收入较高、人均耕地较少或土地产出较低的省份（如江苏、浙江），以及二轮承包以来土地承包关系比较稳定的省份（如河南），一般的土地问题不足以引发明显的纠纷，因此发生率相对较低。

3. 纠纷土地的用途特征

我们对发生纠纷的土地类型进行统计发现，总体上，65%以上的纠纷发生于种粮土地，以玉米、小麦和水稻等作物为主；近20%的纠纷发生在种植经济作物的土地上，主要为花生、大豆和蔬菜等；还有7.0%和5.6%的纠纷发生于非农建设用地和养殖用地。这一结果表面上显示，种粮土地易多发纠纷，但实际上这与部分省份调研对象多选取粮食种植户有关。分省来看，黑龙江、河南和吉林三省的纠纷基本全部发生于种粮土地上；浙江和四川的种粮纠纷占到60%以上，其他纠纷比例较平均地分布在经济作物、养殖以及非农建设等用途；山东的纠纷主要发生在种植粮食和经济作物的土地上，二者比重之和达到95%；而江苏的纠纷比较分散，发生在粮食、经济作物、非农建设的比重均约30%左右，其余少量纠纷在养殖用地。

（二）土地纠纷的类型与解决情况

1. 土地纠纷的类型

现有土地纠纷主要涉及3种类型：因土地承包经营变动引起的纠纷（即承包经营纠纷），土地流转过程中发生的纠纷（即流转纠纷），以及因征收或占用农民承包地引起的纠纷（即征占纠纷）。调研数据显示，承包经营纠纷仍然是大头，占到纠纷总数的一半以上，为56.22%；征占纠纷次之，占比为25.39%，约占到总数的1/4；最后为流转纠纷，占比为18.39%。

2. 土地纠纷的解决与否

在土地纠纷处理方面，调研地区的大多数纠纷已得到解决。数据反映，目前88%的纠纷已得到解决，还有12%的纠纷尚未妥善处理。从分省份情况来看，各省份纠纷解决的压力存在较大差异：黑龙江、吉林和河南的纠纷解决率达到90%以上，仅有5%~8%的纠纷有待处理；山东的纠纷解决率趋于平均水平，为88.9%；而浙江、四川和江苏未来解决纠纷的压力较大，仍有20%以上的纠纷未得到解决。

3. 土地纠纷的解决方式

纠纷解决方式方面，村委会调解为最主要的手段和途径，其次是村民自行调解。结果显示，96.54%以上的土地纠纷主要通过村委会调解和自行调解两种方式，乡镇、仲裁和法院等方式仅发挥一定的补充作用。访谈中也了解到，村民和村组干部多不愿将争议上升到乡镇及以上层面，他们认为乡镇及以上层面的仲裁会将矛盾无谓地夸大，造成不必要的麻烦，也伤及邻里间的感情。这意味着，在广大农村，乡民内部、地方官民传统的调解方式仍是解决乡村土地纠纷的最主要方式，如能充分利用基于乡民之间传统相邻关系和基层村干部与乡民之间相互了解的半官方协调方式，将有助于提高纠纷解决的质量。

（三）土地确权对土地纠纷的影响分析

在土地确权方面，我们并没有发现确权进展快慢和确权时间早晚在纠纷发生率方面存在显著差异。理论上，一方面确权可能会将农户之间或农户与村集体之间隐藏的矛盾公开化，权利界定规则的重建也可能打破村内原先自发形成的并趋于稳定的耕地承包经营关系，从而新增更多纠纷。因而，确权工作开展时间越长、进展越深入的地区引发的纠纷也可能越多。但另一方面，土地确权可以进一步明晰产权，解决二轮承包遗留下的面积不准、"四至"不清等历史问题，从而化解纠纷，致使纠纷数量下降。因此综合两方面的影响，土地纠纷在确权方面的差异并不明显。

二、化解土地纠纷的对策建议

（一）完善土地制度和政策顶层设计

政策变化应保持一定的连贯性和系统性。我国农村土地制度和政策历经多次变迁，经历了土地农民私有，到集体所有统一经营，再到家庭承包经营三大阶段，这一过程中，相关法律法规和政策文件在一些问题的规定上存在冲突，如对于农村土地承包经营纠纷的处理，由于农业系统缺乏强制执行力，虽然最高人民法院司法解释认为法院应该受理相关纠纷，但地方法院并不执行。相关政策的"碎片化"和相互冲突造成了很多难以调处的土地纠纷，未来政策设计需要加强连贯性和系统性。

（二）扎实做好土地管理的基础性工作

进一步清理遗留问题、稳定承包关系。对各地二轮承包时的遗留问题排查摸底,对混乱错杂的农地承包关系进行全面清理、分类处理,强化合同意识,未订立农地承包合同的及时补订,未发放承包经营权证的及时补发。对尚未承包到户的机动地,本着尊重历史、稳定承包关系的原则,出台统一的政策,界定承包对象,统一测量标准,按照法律程序进行发包,订立二轮农地承包合同,核发农地承包经营权证,保障农民长期稳定的农地承包经营权。

(三) 完善土地确权,稳妥处理矛盾

土地确权是有利于从根本上解决大量土地纠纷特别是历史遗留问题的治本之策。当然,确权的过程中当然会有激化矛盾的风险,这就需要在确权过程中采取符合大政策且因地制宜的解决措施,秉持"尊重历史、面对现实、平等协商"的原则处理好相关问题,避免出现承包纠纷显化和激化的问题。接下来的土地确权工作需要密切关注土地承包经营纠纷,应充分利用确权解决一些矛盾和纠纷,确保确权工作有序、平稳、不引发新纠纷,真正起到保持土地承包关系稳定和长久不变的最初目的。

(四) 强化仲裁渠道化解土地纠纷

随着农村土地承包经营纠纷利益格局日趋复杂、难度日趋加大,单凭调解难以有效稳妥化解的案例也呈增多趋势。因此,建议构建以仲裁为核心、以其他纠纷解决机制为依托的多形式、多层次、多渠道,相互衔接补充、相互协同互动的多元化农村土地纠纷解决机制。为此笔者建议:一是清晰界定关键性法律概念,对实践中难以操作的法律条文,出台配套政策或指导文件,避免基层实际工作缺乏明确政策指导而无从下手;二是加大物质保障力度,主要包括仲裁基础设施建设、仲裁员培训及相关专业人才培育、仲裁工作经费落实三方面;三是增强仲裁工作的针对性,特别是通过对纠纷案件发生频率、类型、地域的分析,有针对性地对某些重点地区、重点类型纠纷进行重点跟踪。

(五) 土地纠纷需置于综合性农村改革下协同解决

土地承包纠纷不仅与农地产权改革密切相关,而且需要更加综合性的实施方

下篇　战略分析

案，农村收入结构和生活方式的改变，有利于弱化或转移历史遗留的痼疾对少数农户的影响。应通过深化农村集体产权制度改革，加快构建新型农业经营体系，健全城乡发展一体化体制机制，加强和创新农村社会治理，综合地解决土地纠纷的根源问题。

农村土地

土地承包经营权有偿退出的"苏州样板"[①]

苏州大力推进农村土地承包经营权有偿退出改革,为经济发达地区城乡融合发展体制机制改革率先取得突破提供了重要借鉴。苏州实践证明了土地承包经营权有偿退出改革是因时因势而行,符合社会主义市场经济的需要和社会主义本质要求,不仅加快了农业现代化转型升级,还推进了城乡高质量融合发展,切实增强了农民群众的获得感幸福感。从目前看,苏州经验在我国东部沿海发达地区是适用的,建议国家在苏州经验基础上,进一步加强对土地承包经营权有偿退出的政策引导与配套制度建设,切实维护农民土地权益,分类渐进、有序地推进土地承包经营权有偿退出。

纵观历史脉络,几乎中国每一次社会变革都与土地制度调整密切相关,其核心都是如何处理农民和土地的关系。党的十八大以来,随着农业现代化发展和城镇化水平稳步提升,土地流转加快,土地承包经营权处置成为一个不可回避的重大现实问题。从发达国家的经验来看,城镇化和农村劳动力转移几乎是同步进行。然而,中国城镇化进程却不尽相同,表现出缺乏永久性转移的不完全特征。党的十八届三中全会作出决策,实行农村土地所有权、承包权、经营权分置并行,这是深化农村土地制度改革的重大措施。"三权分置"有效破解了部分农户家庭向非农部门或城镇转移而导致的农地低效利用及撂荒等难题,维护了转移农户的基本社会保障,促进了农地流转与农业现代化发展目标相统一。但从效果

[①] 本文原载于2021年第4期《判断与思考》(中国农业科学院农业经济与政策顾问团),作者为曲颂和钟钰。

下篇 战略分析

看,经营权流转存在的突出问题是地租侵蚀经营者利润、流转契约不稳定、交易成本较高以及"插花式"流转难以达成规模。要有效盘活土地的资产价值,亟须土地承包权属的适当集中。建立和完善土地承包经营权退出机制,加快农业转型,提升城镇化质量,成为推进农村改革发展需要解决的重要问题。

2016年以来,苏州抓住国家农村改革试验区的机遇,在虎丘区开展了土地承包经营权有偿退出的改革,大力发展适度规模经营,稳妥推进农民深度市民化。5年累计退出农户15 792户,总人数54 994人,涉及退出承包地31 069亩,占全区承包地面积的92.9%,形成了"退得出、管终身、有保障"的有偿退地模式。目前,苏州人均国内生产总值(GDP)3万美元,城镇化率超过80%,农业农村现代化程度79.2%,达到发达国家整体现代化水平。按照国家乡村振兴战略发展目标测算,今天的苏州大体相当于全国2035年的发展水平。苏州先行进入结构转型期,正处在向城镇化社会的最后冲刺阶段,解决农民与土地黏度的问题,促进城乡要素重组是加快实现现代化转型的应然之举。因此,总结苏州土地承包经营权有偿退出的经验做法,有利于指导经济发达地区城乡融合发展体制机制改革取得率先突破,分类推进农业农村现代化进程。

一、重大意义

苏州土地承包经营权有偿退出是在中央政策方向已经明确的前提下,开展的具体运作方式上的地方试验,充分展现了"摸着石头过河"的地方智慧。通过对苏州土地承包经营权有偿退出的纵深考察,发现其改革实践表现出一系列重要价值。

1. 实施土地承包经营权有偿退出要因时因势而行

土地承包经营权有偿退出是我国城镇化发展、农村劳动力转移和农村土地制度变迁到一定阶段的必然选择。特别是对于经济发达、城镇化水平较高的地区,农民有更多的非农就业机会和更高的家庭收入,他们对于土地的生存依赖性较低,引导"离农"农民有序退出农地尤为必要。在实施有偿退出政策前的2015年年末,虎丘区农村劳动力非农就业比例已高达91%,农业家庭经营收入仅占农民人均纯收入的7.6%,农民基本不依赖土地生存,经营农地意愿较弱。正是在这样的前置条件下，苏州土地承包经营权有偿退出改革顺应了历史趋势，迎合了农民愿望，才得以顺利开展。事实证明，在非农化就业比例和土地流转比例越高的地区，有偿退出工作越有条件推进。

2. 实施土地承包经营权有偿退出符合社会主义市场经济的需要

现行农村土地制度肇始于计划经济体制，国家将土地无偿分配给具有集体经济组织成员身份的农民，从而为农村居民提供最基本的生活资料和福利保障，同时也掩盖了土地的资产功能。随着我国社会主义市场经济体制的建立和完善，土地承包经营权的权能内涵不断充实，土地由保障性功能向财产性功能转变，利用市场机制实现资源优化配置、培育多元经营主体竞相发展的需求越来越强烈。苏州在土地承包经营权退出后，把退出土地由镇村集中管理，通过市场机制将经营权流转给合作农场、社会资本等有需求、有能力的经营主体，推动了经营权在更大范围的合理配置，提高了土地利用效率。

3. 实施土地承包经营权有偿退出符合社会主义本质要求

建设和发展中国特色社会主义，关键在于践行共同富裕这一社会主义本质。新形势下，中国经济发展进入更高层次，要更加重视处理好公平与效率的关系，努力消除影响经济社会全面协调发展的制度性障碍，让发展成果更多更公平惠及全体人民，为生产力持续健康发展释放更大空间，最终实现共同富裕。逐步消除城乡发展差距，提高农民保障水平是实现共同富裕的应有之义。苏州"退地享城保"的做法推动了城乡社会保障制度的有效衔接，在制度上体现了"公平性"，为真正破除城乡二元结构，实现城乡一体化奠定了坚实基础。

二、主要做法

针对人多地少、分散经营、农民非农程度高的现实情况，科学谋划、稳慎探索、扎实推进，在"谁能退出""如何退出""如何保障""如何经营"等关键环节形成了一揽子经验做法。

1. "谁能退出"

全面界定退出主体资格，固化"七步流程"认定步骤。退出主体的设定条件以农民自愿为前提，关键是有稳定非农就业收入、土地经营权长期流转。

制定《土地承包经营权有偿退出主体资格认定实施办法》，采取"以改革时点拥有土地承包经营权的在册农业户籍人员为基准线，三放宽九限制"的认定办法，共确认四类人员具有退出资格，即改革基准日在册农业户籍人员、合法婚姻迁入人员的配偶、现役士兵与判刑收监执行人员、在册户籍人员不同时点出生的子女。另外，明确界定不符合退出主体条件的九类特殊情形。在此基础上，进一步规范退出资格认定步骤，固化七步流程：通知农户、自愿申请、资格登记、资格审查、公示结果、上报平台及审批认定。

2. "如何退出"

分类制定退出程序，提出两步补偿安置策略。规划先行，条件优先，农民选择，分类实施，是有序推进土地有偿退出的保证。

按照苏州全面开展乡村建设行动的统一部署，以特色田园乡村建设为抓手，合理优化镇村土地空间布局，针对不同类型村庄制定差异化退出程序。对于特色田园村（规划保留村），实行"承包地换社保"，即农户自愿放弃土地承包经营权，可享受城镇职工养老保险和医疗保险；对于非特色田园村（非规划保留村），将承包经营权退出与动迁（农房拆除、宅基地使用权退出）相结合，实行"承包地换社保、宅基地换安置房"的"双地退出"联动机制，即通过退出宅基地使用权获得安置房补偿，通过自愿放弃承包经营权获得社保补偿。

3. "如何保障"

退地保障标准向城镇看齐，支持农民"带权进城"。城乡融合发展的核心要义在于打破城乡之间的人为割裂，为农村转移人口提供与城镇居民均等的公共服务、社会保障。

一方面，为退地农户提供与城镇居民同等待遇的社会保障与住房保障。从2017—2021年全区土地拍卖出让金中留取一定比例（每年5%）设立土地承包经营权有偿退出社保专项资金，并且明确规定社保资金的收取、解缴和支付流程。目前，累计落实社保资金39亿元，退出农户平均每人享有9.6万元，折合每亩承包地16.4万元。需要注意的是，由于退地补偿资金额度大、资金筹措困难，目前多数试点地区都采取财政兜底方式。另一方面,赋予退地农民土地收益分配权。探索农村型股份合作社向社区型股份合作社转型,优化有偿退出土地收益分配机制,以分红形式将退出土地的经营净收益返还给退地农户,保障退地农民长期享有土地收益红利。

4. "如何经营"

积极引入新技术新业态,提升退出土地规模经营水平。集约化、规模化利用及信息化管理退出土地,实现提质增效,这直接关系到土地有偿退出改革效能。在坚决遏制退出土地"非农化"、防止"非粮化",严守耕地红线的前提下,支持发展新型经营主体,提升农业规模经营效益。例如,通安镇将退出的1.1万亩土地建立现代农业产业园,打造"环太湖农旅产业新生活体验园",园区主导品牌"通安良仓—金墅水源米"成为苏州大米十大价值品牌;东渚街道成立了长巷、新苏、黄区等合作农场,按照"大承包小包干"方式发展生态、特色、高效农业;苏州大域无疆公司打造了"农资+农技+农服+农机"的智慧农业模式,赋能农业现代化高质量发展。在现有制度框架下,村集体是土地承包经营权退出的唯一承接主体,理应由村集体统一收储,但对于退出土地的经营方式,笔者认为未来以家庭农场为典型的家庭经营形式仍是现代农业发展的中坚力量。

三、主要成效与启示

推进试点工作以来,苏州着力推进农业高质量发展和城乡深度融合,不仅提高了土地利用效率,还拉平了城乡居民社会保障水平,增加了农民财产性收益,切实让农民群众感受到改革带来的红利。一方面,通过对退出农地和宅基地整治,新增耕地1 290亩,节约集体建设用地2 000余亩,为农业现代化建设、乡村新产业新业态发展提供用地空间;另一方面,退地农民成为拥有城镇社保的市民,每月可领取城镇职工养老保险退休金1 095元,比退出前翻了一番。并且,每年还能获取相应的分红收益,2019年全区农村社区股份经济合作社股金分红达2.36亿元,其中社区型股份分红为1.05亿元,实现户均3 992元。通安镇同心村村民钱兴男是此次改革试点的受益者之一,从曾经的承包户转变为通安现代农业园聘用果农,钱兴男说:"每月有工资、年底有分红,还能享受城镇居民养老，和承包风险比起来，现在实惠多了。"基于此，我们得出如下启示。

1. 体制机制联动，以高质量融合发展重塑新型城乡关系

当前，城乡融合过程中主要存在农业转移人口市民化滞后、农业经营方式低效、城乡要素不平等交换等问题。因而，要打破人才、土地、资金、技术等要素从城市向农村流动的体制和机制障碍，在加快补齐农村基础设施建设短板和推进城乡基本公共服务均等化上持续发力。加强退出土地的节约集约利用，注重农业全产业链、全价值链建设，支持农业产业融合的新业态、新模式，进一步带动农业现代化水平，让农民分享到更多的增值收益。推动城乡居民收入均等，增强农民获得感、成就感，使农民逐步成为一种职业，而不再是身份象征。苏州土地承包经营权有偿退出展现了"城镇与乡村一盘棋"的发展观与治理观，在城乡共同发展中解决"人口的半城镇化问题"，推动城镇产业、资金向农村回流，培育新型职业农民，为推进以人为核心、高质量融合发展的新型城镇化迈出了重要一步。

2. 措施系统衔接，率先形成包括城乡社会保障接轨在内的政策体系

长期以来，城乡二元性的社会保障制度安排，使进城农民很难进入城镇社会保障体系，要让农民解除后顾之忧的基础就是社会保障，所以社会保障是土地承包经营权发生变化的现实基础。苏州依托多年改革发展的积累，建立了财政支持体系，为土地承包经营权退出提供资金支持，将改革目标设定在建立土地、住房、社保紧密结合的退地保障机制上，探索了一整套适合本地情况的配套措施。实践中充分考虑不同农户群体的诉求，合理分类制定实施办法，尤其是为突破农村社会保障供给不足、弥补资金不足等现实约束提供了苏州样板。

3. 注重双向发力，坚持政府引导与农民自主选择上下互动

政策支持是土地承包经营权退出改革的先决条件，但在中央支持和获取一定程度的改革自主权后，地方真正推动改革的关键还在于农民的意愿。从苏州有偿退地改革来看，改革并非政府强制性行政推动，农户积极的退出意愿才是能够持续推进改革的内源动力。因此，在改革推进过程中，充分尊重农户的退出意愿及

其自主选择权利，双向发力，共同推进。

4. 分类有序推进，对农民退出承包地要保持历史耐心

推行土地承包经营权退出改革，必须与当地经济发展状况、城镇化进程及农民离农程度相适应。从现阶段我国的经济发展水平和城乡关系来看，土地承包经营权退出改革将是一个循序渐进的长期过程，"一刀切"式推进改革的条件尚不成熟，更需充分尊重各地的差异化特征，分类施策，有序推进。对于农民收入高度非农化、农业步入现代化转型期的地区，已经具备实施有偿退出的现实需求和可行条件，可有序推进；但对于与苏州差异较大地区，要稳健开展有偿退出政策。

四、小　结

鉴于世界发达国家经验，农业占GDP份额下降至10%以后，农业发展会进入现代化转折点，农业产值和就业份额将加速下降，直至农业份额缩小到2%左右。在这一结构变革中，不仅农业发展模式发生了转变，农村人地关系和要素相对价格也发生了变化，这些变化会诱发和推动农业经营制度的变迁，我国东部沿海地区正处于这个结构转型期。从目前看，苏州经验在我国东部沿海发达地区是适用的，建议国家在苏州经验基础上，进一步加强对土地承包经营权有偿退出的政策引导与配套制度建设，切实维护农民土地权益，分类有序推进农村土地退出。

下篇 战略分析

优化耕地占补平衡制度的思考

耕地保护事关粮食安全、生态安全和社会稳定。习近平总书记多次对耕地保护做出重要指示，强调要"像保护大熊猫一样保护耕地"，要"采取长牙齿的硬措施，落实最严格的耕地保护制度"。自2009年第二次全国土地调查以来，全国共有3.6亿亩耕地被调整成为林地、园地、水域等，6 583万亩农地转为建设用地，遏制耕地"非农化""非粮化"形势严峻。作为耕地保护的核心制度之一，耕地占补平衡制度实施20多年来，对于遏制耕地"非农化"作出了历史性贡献，也有不少来自基层政府的有益经验和创造性探索，但随着形势变化，也面临着很多新情况和新问题，亟待进行制度优化。

一、耕地占补平衡制度主要成效

1. 占补平衡制度实施以来，有效减缓了耕地非农化态势

据统计，实施耕地占补平衡制度的前十年（1988—1998年），我国平均每年非农建设占用耕地750万亩，实施这项制度后的1999—2017年，这个数据下降到年均350万亩。重庆的耕地面积从1988年的2 480万亩下降到1999年的2 391万亩，2001—2017年重庆市建设占用耕地面积约170万亩，补充耕地面积约180万亩。

2. 保障了经济社会发展的合理用地需求，支撑了稳增长重点建设项目及时落地，提高了土地资源利用效率

耕地占补平衡制度通过一占一补，在确保耕地面积不减少、粮食产量稳定的同时，将不同经济发展水平、不同土地利用方式的"城—乡""发达—欠发达"区域勾连起来，并以土地整治项目、补充耕地指标交易等方式，实现区域间资源

和资金互补。

3. 地方政府积极探索耕地占补平衡制度与高标准农田建设有效衔接，为耕地占补平衡制度的有效落实提供了有益借鉴

高标准农田都是"良田沃土"，与其他土地整治、宅基地和工矿废弃地复垦等渠道新增的耕地比，质量等级高、治理成本低，把高标准农田建设新增耕地作为补充耕地的主渠道，可确保耕地"占优补优"和"藏粮于地"战略实施。从重庆市的实践看，高标准农田建设一般能产生3%~5%的新增耕地，每年预计新增耕地5万~8万亩，指标收益在15亿元左右，将这笔资金用于高标准农田建设，可将现有1 500余元亩均投资标准提高到每亩2 800元，可以有效解决目前高标准农田占比不高、建设投入不足问题。

二、耕地占补平衡制度面临的痼疾与新患

1. 受建设占用和生态退出双重挤压，耕地后备资源严重匮乏，持续"占补平衡"存在难度

当前我国处于城乡融合发展的关键期，城镇化与农业现代化对非农用地的刚性需求将在相当长一段时期内居高不下，加之生态保护红线、退耕还林和农业结构调整等政策实施，耕地数量减少势头难以遏制，各地耕地后备资源严重匮乏。据自然资源部公布数据显示，全国近期可利用的耕地后备数量仅3 307万亩，且主要集中在中西部经济欠发达地区，东部经济发展速度较快的11个省份后备耕地面积占比不足1/5，补充耕地难度很大。特别是对于重庆市，地处丘陵地区，耕地资源更加紧缺，根据最新国土"三调"数据测算，重庆可利用耕地后备数量约50万亩，仅能支撑"十四五"时期占补平衡指标。

2. 建设用地计划外"占而未补"问题较为突出，耕地资源存在隐性损失

从相关部门公布的统计数据来看，各地严格落实"先补后占""占一补一"，1999—2017年，非农建设占用耕地总量为6 643万亩，通过整理、复垦和开发补充了耕地7 509万亩，实现了建设用地计划内的占补平衡。实践中，

下篇 战略分析

长期以来部分地方政府重视经济效益和财政收入，忽视耕地保护，导致存在耕地隐性流失。笔者调研时发现，计划外的耕地占用情况多出现在基础设施建设、各类工业园区建设，一般分布较为集中、数量较大，以市、县政府主导的建设占用居多。耕地被占用后，难以及时变更统计，造成耕地统计面积与实际面积不符。

3. 补充耕地存在"低质量、轻生态"现象，可能造成粮食安全和生态安全双重风险

建设占用耕地，绝大部分是地势平坦、交通便利、土壤质量高、农田基础设施比较齐全的优质耕地，补充的耕地主要来源于荒山、荒坡、滩涂等的开发、闲置宅基地和废弃工矿用地复垦，以及少量的田坎归并、坡改缓等土地整理。这些土地多处于低洼易涝、水热、地形条件相对较差地区，其地理位置、基础设施与耕种条件较差，很难形成一定的生产能力，导致补充耕地难以达到被占耕地的产出水平。特别是后备资源紧缺地区为追求耕地数量平衡，在生态环境脆弱区开垦耕地或开垦坡耕地，导致新增耕地存在"上山下河"现象。此类问题，在西南丘陵区域尤为突出，据重庆市某区反映，最新"三调"数据显示，全区耕地面积为14.75万亩，其中25°以上耕地占比将近1/3，可利用耕地资源十分匮乏，只能以小规模、分散性、碎片化补充为主。

4. 补充耕地验收偏重于数量，后期跟踪监督管护没有跟进，存在失管抛荒现象

耕地占补的政策仅考核项目期内新增耕地面积数量质量等级，缺乏有效的后续监管，确保新增耕地持续长期发挥作用。部分补充耕地投入用于基础设施工程建设投入、道路水池等工程，耕地地力投入少、土壤改良培肥措施欠缺。此外，对新增耕地利用监测也不到位，存在抛荒现象。在重庆调研时发现，有的补充耕地分配给农村集体经济组织后，因种田经济效益低，农户短期耕种后往往会选择撂荒。地方政府为应对指标验收中种植作物的要求，须向农村集体经济组织支付后期管护资金，并给予农户每亩500元的种粮激励补贴，以确保补充耕地不撂荒。

5. 补充耕地质量评价国家标准不统一，影响耕地保护管理与质量评定，相关部门职能重叠

一是补充耕地质量评定上，国家标准不统一。自然资源部按照《农用地质量分等规程》（GB/T 28407—2012）将农地质量分为15等，农业农村部则依据《耕地质量等级》（GB/T 33469—2016）将耕地质量分为10等，这两套标准对耕地质量等级划分不一致，导致实际操作中基层不知道应该以哪一个评定耕地标准为准。

二是相关部门出台的生态建设用地与补充耕地重复交叉。重庆市规划和自然资源局反映，一些计划用于整治的土地却纳入了退耕还林实施范围，是保护生态还是补充耕地？政策上存在冲突。

三是部门间还存在职责重叠的问题。职能划分上，自然资源部门负责耕地数量、质量、生态"三位一体"保护，牵头验收新开垦和整治的耕地；农业农村部门负责耕地质量保护工作，也会参与验收工作，两个部门职能重叠，容易造成效率低下。

6. 对新增耕地指标交易的收益分配缺乏制度约束，造成农村土地财富隐性流失，补充耕地指标的收益应归谁所有以及收益如何分配的问题有待进一步制度化与规范化

目前，国家对补充耕地指标交易受益主体的责权利关系等的规定不具体，仅有"谁投入、谁受益"的一般原则性规定。地方政府在补充耕地指标交易利益分配上存在随意性，可能导致农地交易的钱留不到农村。

三、加快完善优化耕地占补平衡制度政策建议

1. 坚持最严格的耕地保护制度，促进新增建设用地不占或尽量少占耕地

一是切实加强规划计划管控，最大限度约束建设占用耕地。从严核定新增建设用地规模和控制建设占用耕地特别是优质耕地；实行新增建设用地计划安排与土地节约集约利用水平、补充耕地能力挂钩，对建设用地存量规模较大、利用粗

放、补充耕地能力不足的区域,适当调减新增建设用地计划,间接减少耕地占用。二是严格保护永久基本农田,避免被随便占用。永久基本农田一经划定,任何单位和个人不得擅自占用或改变用途;一般建设项目不得占用永久基本农田,确需占用永久基本农田的重大建设项目必须踏勘论证和报批报审。三是大力推进节约集约用地,缓解建设占用耕地压力。全面清理处置批而未用土地,深入推进建设用地二级市场改革和城镇低效用地再开发,提高存量建设用地资源配置效率;推广应用节地技术和节地模式,推动有条件的地区实现建设用地减量化或零增长。

2. 解放思想,创新思维方式,以改革的办法优化调整耕地占补平衡制度

一是建立健全耕地产能评价制度,完善评价指标体系和评价方法,以耕地"产能平衡"替代"数量平衡",将以往以后备资源开发为主转向以土地整理和土地复垦为主,通过中低产田改造,提高耕地质量等级折抵耕地占补平衡指标。

二是将高标准农田建设的新增耕地作为补充耕地主渠道,是"占优补优"的需要和最好选择;同时,采取"占一补一"(即非农建设项目占了多少亩优质耕地就补建多少亩高标准农田)的方式,试行非农建设用地项目补充耕地与高标准农田建设任务挂钩制度,着力解决目前高标准农田占比不高、建设投入不足问题。

三是放开省域范围内耕地占补平衡的限制,在全国范围内统筹平衡,建立全国统一的补充耕地指标交易平台,允许供需省份可自由在平台上实现对接。

四是建立全国统一的耕地质量评定标准和补充耕地部门联合审查制度,出台与《中华人民共和国土地管理法》配套的新增耕地部门联合验收条例办法。

五是推动耕地占补平衡政策与生态红线政策、耕地休养生息政策、乡村振兴政策等之间的有效衔接,避免出现政策冲突、交叉和空白,减少负面外溢效应。

六是建立补充耕地经济补偿机制,将补充耕地的后续质量建设费用纳入耕地占用成本,向新开垦耕地的所有权人和使用权人在一定时期内发放"耕种和管护补助费"。

七是做好占用耕地与补充耕地规划建设统筹,全面实施耕作层剥离再利用制

度，建设占用耕地特别是基本农田的耕作层必须"应剥尽剥、能覆尽覆"，主要用于补充耕地的质量建设；超过合理运距、不宜直接用于补充耕地的，可用于现有一般耕地或复垦耕地表层，以提高耕地质量。

3. 逐步完善耕地占补平衡事前、事中、事后监管体系，不断提高监管效能

一是事前多措并举规范制度。首先，强化建设用地预审和规划审查，严格执行"以补定占、先补后占"的政策规定，禁止"先占后补"。其次，强化未利用地开发土地整治项目的立项监管，禁止在生态红线区、饮用水源区、25°以上坡耕地以及法律法规和规章禁止的区域进行项目选址。再次，严禁通过擅自调整县乡土地利用总体规划，规避占用永久基本农田的审批。最后，除国家重大工程建设需要外，禁止占用10年内建成的高标准农田；尽量占用低等级耕地，扭转优质耕地过快减少态势。

二是事中"两手抓"加强监控。一手抓新增耕地数量、质量监测。重点推进关键环节新增耕地核定工作，完善土地整治高标准农田建设新增耕地调查认定程序，依托第三方检测机构确认新增耕地面积、认定新增耕地类型、评定耕地质量等别，确保占补平衡指标真实准确，杜绝"占而不补"（虚增耕地）、"占多补少""占优补劣"（质量不达标或异地占补效果不显著）等现象发生。另一手抓新增耕地生态监测。以"在保护中开发，在开发中保护"为基本原则，将生态环境保护理念贯穿于土地整治项目管理之中；严格工程建设标准，注重生态保护设计，构建新增耕地生态安全警示系统。

三是事后双管齐下强化问责。一方面，强化责任考核。建立健全耕地保护责任目标考核与领导干部综合考核评价、生态文明建设目标评价考核、粮食安全生产责任制考核等相关考核联动的机制，以算大账方式督促地方政府落实耕地保护任务责任。另一方面，强化耕地管护。建立健全新增耕地后续利用与跟踪管理机制，开展土壤改良和地力培肥，持续提升耕地质量等级，同时落实耕作主体，严防新增耕地撂荒弃耕、"非农化"或"非粮化"。

下篇　战略分析

全域激活闲置农房的"柯桥经验"[①]

拓宽农民增收渠道对缩小城乡收入差距、促进共同富裕具有积极的现实意义。农村宅基地及住宅既是农民住有所居的根本保障，也是增加农民财产性收入的重要来源。激活闲置农房资源价值，可在乡村形成人才、土地、资金、产业等各类要素汇聚的良性循环，为城乡融合发展、乡村特质发展注入新动能。早在2017年，浙江柯桥区便针对农村人口外流、农房闲置加剧、农民财产性收入不足等新情况新问题，率先开启"闲置农房激活计划"。2020年10月，绍兴市入选新一轮农村宅基地制度改革整市推进试点，为柯桥区全方位盘活闲置农房提供更明确的政策导向和更有力的制度支持。从"摸着石头过河"到"架桥过河"，柯桥区抓住宅基地制度改革试点契机，紧扣"全域联动激活"理念，深化探索宅基地"三权分置"实现形式和制度创新，着力构建闲置农房开发利用长效机制。

一、柯桥区闲置农房激活的主要做法

柯桥区立足资源禀赋和产业特色，从单一激活向整村激活、多村联动激活、整片整区域激活推进升级，重点打造平水镇、王坛镇、夏履镇三条闲置农房激活"示范带"，培育了刻石山雅居、天官第、南山小院、金秋家园、梅园邨·禅居、畅艺园、周家大院、稻舍、南方书店等一批有实效、影响大的闲置农房激活"示范点"，同步实现低效闲置土地盘活、产业发展效益共享、农民居住质量改善以及集体经济持续增收等多重目标。

[①] 本文原载于2022年第1期《宅基地改革与管理》（农村宅基地两项试点工作领导小组办公室、农业农村部农村合作经济指导司），作者为郭君平、曲颂、夏英、贾琳和张瑞涛。

农村土地

1. 乡村民宿产业集群发展:"农房收储+周边资源流转"捆绑式激活

柯桥区闲置农房激活以乡村民宿产业为切入口,带动周边耕地、水面、山林等资源整体盘活,驱动区域特色产品产销、休闲旅游、健康养生、文化体验等多业态融合发展,形成"民宿+"产业体系。允许集体经济组织合法处置"一户多宅"型农户退出的农房和宅基地,鼓励有一定经济实力的村集体采用"回购""返租""入股"等形式统一收储闲置农房,并将周边闲置农业资源一并打包租赁给社会资本管理运营,然后按合同协议分享收益。平水镇嵋山村集体将34处闲置农房、4处集体房屋及周边400亩茶叶、竹山等连片资源统一流转给刻石山文化旅游发展有限公司,打造融合高端民宿、"飞拉达"索道攀岩、文化创意体验、休闲度假旅游等多样化项目的农文旅综合体,每年带动农户增收20多万元,村级集体经济增长40余万元。王坛镇丹家村的"云端体验"南山小院项目,同样由村集体将闲置校舍租赁给社会资本改建而成,主要以精品民宿为载体,带动土特产品产销、乡村旅游、健康养生等上下游产业联动发展,丹家村也由此成为坐看流云、静听清风、闲品香茗、细尝美食的"网红村"。

2. 乡居式养老服务综合体:"乡贤主导+村集体搭台+农户参与"合作式激活

在城乡融合发展趋势下,加快推进农村养老服务体系建设,弥合城乡养老服务差距是实现城乡基本公共服务均等化的重要内容,也是提高城乡养老服务公平性的客观要求。通过将闲置农房变成"晚年驿站",配套建设养老服务设施,提升了农村养老服务质量。平水镇王化村结合村内空巢老人多、闲置农房多、弃耕农地多的实际,由乡贤宋如华投资2 000万元,租赁70户202间闲置农房和约4 000平方米废弃茶厂,流转周边120亩闲置承包地、林地,建造"金秋家园"农旅养老养生综合体,在满足本村和周边村老人在"自己家门口"养老的同时,吸引城市老人到山村体验"归隐田园"式生活。"金秋家园"养老中心首批建成40个房间、72张床位的服务照料中心,分层分类制定了入住收费标准,本宅老人、本村老人分别享有床位费全免和5折的福利,本地老人入住床位费900~

3 000元/月，外地老人 2 000~5 000元/月不等。通过差异化定价，既确保本村养老需求，又放开了市场准入，补齐了本村老人入住的成本缺口。金秋家园食堂向本村60岁以上老人提供健康廉价的一日三餐，80岁以上老人及残疾老人享受免费就餐。同时，金秋家园设有农产品营销中心，打通笋干菜、土豆和土鸡蛋等特色农产品直销渠道。目前，金秋家园项目已解决60名本地村民就业，每年为村民创收超150万元，村集体经济增收50万元以上。

3. 传统民居"活态"保护利用："党支部引领+农户参与+专业管理"共享式激活

古民居是传统村落遗产价值的重要载体，对闲置古民居的开发必须以保护性利用为底线。夏履镇双叶村山林叠翠、生态秀美，坐拥叶家山古道、周家大院、金竹岭古道、鹿鸣纸生产技艺等历史人文资源，被列入第五批中国传统村落名录。双叶村充分发挥基层党组织的战斗堡垒作用，将闲置农房盘活与传统文化传承、传统古村落保护相结合，探索"党支部+"模式推动古民居活化利用。

一是支部牵头"摸家底"定方向。党支部牵头摸排闲置农房资源，充分挖掘自然、人文、历史等优势资源和特色亮点，科学编制村庄规划，明确乡村生态旅游资源激活利用方向。

二是支部引领"凝共识""聚家产"。以党支部为主体，实施闲置农房收储计划，发动有基础、有资质的党员群众带头示范，与农户达成广泛的收储意向。

三是支部统筹"创家业""分蛋糕"。党支部对村内200套古民居统筹整合、规划和修缮，打造"周家大院"民宿群，采取托管方式引入专业的酒店运营管理团队，实行统一管理、营销、分客与结算。优先招用村内低收入户劳动力就业，构建村民、村集体与运营方三方共营共享模式，激发村民对传统建筑与民俗文化保护的认同感，促进传统村落活态发展。

二、柯桥区闲置农房激活的基本经验

"一子落而满盘活"，闲置农房激活计划打通了柯桥区城乡要素循环梗阻，助推乡村振兴初现成效。截至目前，柯桥区激活农房面积62.23万平方米及周边山林田地1万余亩，促进农户增收近9 000万元、集体经济增效7 000多万元，为乡村全面振兴和共同富裕提供了改革动力。经过4年多的摸索实践，柯桥区在"哪些要盘活""由谁来盘活""如何去盘活"以及"全面促实效"4个核心环节形成了一揽子经验做法，为规范开展闲置农房盘活工作树立了具有普适价值的参照标准。

1. "哪些要盘活"：全面界定盘活范围，精准摸排全域资源底数

闲置农房盘活必须以明晰资产权属、摸清闲置"家底"、掌握农户流转意愿为前提。柯桥区以"确权、赋权、活权"为导向，科学划分集体资产三权、农房三权、农地三权，做好闲置农房激活的前置性工作。明确将闲置农房界定为在村集体土地上建造且产权清晰，符合一年以上无人居住，同时又有其他居所的农民房屋，当然也包括村集体所有的宗族祠堂、"众房"及不再使用的房屋。在充分尊重乡村发展规律和农民意愿前提下，完成全区"地"籍和"房"籍现状分析，开展宅基地基础信息调查，全面摸清镇域内闲置农房、土地、山林、水域、文旅等资源数量、权属与分布，建立资源分级、分类数据库，为制定全域资源激活规划提供依据。

2. "由谁来盘活"：搭建线上线下交易平台，分门别类吸纳多主体共谋发展

一是集中开展宣传推介活动。举办闲置农房推介会、乡贤会、企业家联谊会等各类活动，高效对接社会资本和闲置资源。对于统一收储的农房，分门别类进行招商推介；对分布零散的闲置农房，引进小而精、小而新的特色项目；对自然环境优越、民俗特色鲜明的历史文化村落，则引导社会资本整体性开发利用。目前，柯桥区累计吸纳相关社会资本高达19亿元。

二是搭建流转交易平台。充分运用"互联网+产权交易"的优势，搭建乡愁网、闲置农房使用权流转平台等交易渠道，采用议价、竞价、挂牌、拍卖等方式培育公开、公正、高效的农房流转市场，让农房的"冷资产"有价有市。迄今为止，柯桥区累计线上推介闲置农房6 274幢、186.03万平方米，流转交易3 257宗、93.49万平方米。

三是吸纳多主体共谋发展。柯桥区既鼓励农户、村集体自主创业、自主经

营,又重视吸纳乡贤、返乡农民、创客学者、工商业主采取合作、合资、合股等不同方式开发闲置农房,形成差异化、竞争性、集聚性的发展格局。当前,柯桥区累计增加农创客650余人,带动农户就地就业4 000余人。

3. "如何去盘活":构建"1+N"政策体系,形成多途径利用、多类型激活、多样化业态发展

柯桥区围绕宅基地"三权分置"制度探索,搭建闲置农房激活政策体系的"四梁八柱"。

一方面,先后出台闲置农房盘活试点方案、实施意见、奖补政策及实施细则等"1+N"规范性文件,强化配套支持政策,加大对闲置农房激活村集体、创客、工商业主等的财政奖补。制定绍兴市首个《闲置农房盘活利用准则》,按照"规划设计→流转→准入→管理"程序,细化闲置农房盘活利用操作流程。

另一方面,根据地理区位、资源优势、人文特色、产业基础等条件,灵活设置个人与集体、局部与整体、短期与长期、资源与资本等多种结合方式,形成农户自营、村集体收储、委托运营、合作开发等多种利用途径,催生乡村旅游(民宿与农家乐)、养老养生、运动健康、文化创意、电子商务、农事体验等多业态融合。

4. "全面促实效":注重多领域联动推进,健全投入保障长效机制

一是强化多项任务统筹实施。将激活闲置农房与宅基地制度改革、"五星达标、3A争创"、美丽乡村建设、农业产业化联合体培育等相结合,同步谋划、统一规划、整体实施。探索以村集体为主导的集体建设用地收储机制,推动连片综合开发和土地资源整体式配置,将乡村环境面貌的整洁化、美丽化和农村基础设施的标准化、现代化作为闲置农房开发利用的必备条件。

二是健全投入保障长效机制。2019年以来,柯桥区每年安排专项资金对成片激活项目进行"一事一议"重点支持,通过财政资金"小投入"撬动社会资本"大投资",达到"四两拨千斤"的效果(杠杆效应)。如区财政投入300多万元改善平水镇嵋山村道路、水电及村居环境,助推一期投资3 000多万元的"刻石山雅居"项目顺利投用。同时探索宅基地使用权和农房租赁使用权抵押贷款,承租方凭借宅基地及房屋租赁使用权登记证书或"交易鉴证书",向银行申

请抵押贷款，解决乡村产业发展的"融资难、融资贵、融资慢"顽疾。

三、启示与思考

让闲置农房重焕生机是一项系统工程，是乡村振兴的重要亮点，需在坚守改革底线的前提下积极探索、大胆创新，形成常态化、长效化制度机制。随着柯桥区闲置农房盘活的路子越蹚越宽，"插花式"闲置农房开发利用难、资本下乡"淘房"隐忧多、同质化竞争效益低等问题逐渐凸显。这些问题主要由体制机制不完善所致，亟待在新一轮宅基地制度改革试点进程中予以回应和解决。

1. 创新完善农村宅基地管理制度

激活闲置农房必然要求以完善宅基地各项制度安排为支撑，需加强对宅基地收回、退出、流转、抵押以及集体经营性建设用地入市等制度顶层设计研究，促进闲置农房供需双方精准、有效对接。

2. 健全乡村发展用地保障机制

探索建立国土空间规划和村庄规划"留白"机制，灵活布局建设用地指标，确保农村新产业新业态项目及时落地。同时构建宅基地用途转换机制，打通闲置宅基地、公共设施用地和经营性建设用地之间用途转换通道，规范转换流程，破解"农村的地农村用不上"难题。

3. 强化政府服务与配套建设

盘活闲置农房离不开政府"有形之手"的支持，各级政府部门既要从建立公平竞争的市场秩序、构建城乡要素合理流动机制、创新宅基地使用权抵押贷款机制等方面强化"软件"服务，还需做好优化农村公共基础设施供给、打造乡村宜居环境等"硬件"配套。

4. 构建稳定、紧密、多元的利益联结机制

当前闲置农房盘活以松散型的要素租赁为主，未来须积极引导农户、合作社、投资企业、村集体等各方利益主体探索多元化的经营组织形式，从固定收益、保底收益+二次分红、按股分红等不同利益联结方式中选择适宜的方式构建利益共同体，让农民分享更多收益。

下篇　战略分析

警惕农村新一轮违法占地建房"热"的"冷"思考[①]

当前我国农村违法占地建房总体状况堪忧，2019年全国约有13.76万个行政村存在违法占地建房现象，发生率为25.39%。其中，"轻度"违法占地建房现象发生率为17.32%，约有9.39万个行政村；"中度"违法占地建房现象发生率为6.88%，约有3.73万个行政村；"重度"违法占地建房现象发生率为1.19%，约有6 450个行政村。不仅如此，所处区域经济越发达、县村距离越近、人口规模越大的行政村，其发生违法占地建房现象越普遍和严重。农村违法占地建房乱象主要缘于宅基地供不足需、农民知法犯法、管理制度不健全及执法力量不足，迄今仍面临事前监管难（隐蔽性强）、事中制止难（制而不止）和事后处置难（利益关系复杂）的治理困境。未来应坚持系统治理、依法治理、分类治理、有序治理及综合治理等原则，着重从宣传教育警示、巡查监察全覆盖、部门执法协作以及政策制度完善等路径达到"善治"目的。

建房是彰显农民幸福生活的重要标志，自20世纪80年代以来农村兴起了多轮"建房热"。近年，随着宅基地制度改革、新型城镇化以及乡村振兴的深入推进，不少农民尤其是"80后""90后"农民工出于担心以后建房难、为自己留后路以及未来农村发展空间大等方面的综合考虑，掀起了新一轮"建房热"。然而，在此过程中不断涌现违法占地建房现象且呈"野火烧不尽"之势，严重影

[①] 本文原载于2021年第73期《咨询报告》（中国农业科学院中国农业发展战略研究院），作者为郭君平、曲颂和夏英。

响了耕地保护、粮食安全、村庄环境、公共安全、公平正义以及社会和谐，因而亟待各级政府深谋致远破藩篱、开新局。

一、基本事实

1. 农村违法占地建房总体形势严峻

基于农业农村部农村合作经济指导司 2019 年组织开展问卷调查数据（31 288 个行政村）和国家统计局公开数据测算，2019 年我国农村违法占地建房现象发生率为 25.39%，约有 13.76 万个行政村。根据行政村发生违法占地建房宗数的多寡，农村违法占地建房现象的严重程度可分为"轻度"（1~3 宗）、"中度"（4~9 宗）和"重度"（10 宗及以上）3 个等级。其中，"轻度"违法占地建房现象发生率为 17.32%，约有 9.39 万个行政村；"中度"违法占地建房现象发生率为 6.88%，约有 3.73 万个行政村；"重度"违法占地建房现象发生率为 1.19%，约有 6 450 个行政村。

2. 经济越发达的地区，农村违法占地建房现象越普遍和严重

若以 GDP 或人均 GDP 为衡量标准，近年我国区域经济发展水平由高到低依次是东、中、西部及东北地区。从普遍性来看，东部地区农村违法占地建房现象发生率高达 31.64%，远高于全国平均水平和其他区域，其后依序为中部、西部及东北地区，分别达到 28.73%、21.79%、10.94%。从严重性来看，东部、中部、西部及东北地区农村"重度"违法占地建房现象发生率分别为 1.35%、1.22%、1.22% 和 0.40%。

3. 距离县城越近的行政村，违法占地建房现象越普遍和严重

行政村可按县村距离划分为近郊村（距县城 25 千米内）、中郊村（距县城 25~50 千米）和远郊村（距县城 50 千米外）3 类。从普遍性考察，近郊村违法占地建房现象发生率达到 28.89%，比中郊村、远郊村分别高 6.28 个和 7.60 个百分点。从严重性考察，近郊村"重度"违法占地建房现象发生率为 0.40%，明显高于中郊村的 0.24% 和远郊村的 0.18%。

4. 人口规模越大的行政村，违法占地建房现象越普遍和严重

根据《镇规划标准》（GB 50188—2007），行政村可按村常住人口数划分为

特大型村（大于1 000人）、大型村（601~1 000人）、中型村（201~600人）和小型村（200人以内）4类。从普遍性来看，特大型村违法占地建房现象发生率为31.04%，远高于大型村、中型村和小型村，其中小型村违法占地建房现象发生率仅为11.53%。从严重性来看，特大型村"重度"违法占地建房现象发生率为0.48%，分别比大型村、中型村、小型村高0.32个、0.47个和0.37个百分点。

二、多维成因

1. 宅基地供不足需

从供给端考察，宅基地长期结构性低水平供给。由于土地资源尤其是耕地资源的有限性，国家采取偏紧的建设用地供给政策，致使新增建设用地指标十分紧缺，地方政府为保证城市发展需要通常压缩农村建设用地供应，加之废旧闲置宅基地尚无成熟有效的有偿退出机制，导致不少地方的宅基地供应严重不足，有些地方甚至十数年处于无地可批的状态，致使农民从正规渠道得不到宅基地，难以实现"户有所居"或"居有其所"。

从需求侧来看，宅基地"超额需求"进入常态化。现实中无外乎3种需求：一是获得刚需性住房，满足成家分户、婚嫁等带来的"基本居住需求"；二是获得改善性住房，满足新建、扩建或翻新带来的"舒适需求"；三是追求经济利益，期望成为"土地食利者"。由于宅基地预期价值不断上涨、宅基地取得价格升高、农村建房成本持续走高、农民家庭收入逐年攀升、新分户农民日益增加以及农民建房偏好发生转变等的影响，农民对宅基地需求异常旺盛且持久。

2. 农民知法犯法

农民知法犯法主要缘于以下3种心态。

一是攀比心态。为讲排场、比阔气或因"红眼病"，盲目贪大求洋，不惜"摊大饼"式超面积建房，甚至拉围墙、圈院落。

二是从众心态。本着"不占白不占，谁不占谁就吃亏"的看法，一旦发现有利可图或"人情地""关系地"等现象，便竞相效仿，突出表现在城郊村拆迁改造前农民突击抢搭抢建。

三是侥幸心态。"顶风作案"以求造成既定事实，即使被查也认为可通过交罚款等方式将大事化小、小事化无。

3. 管理制度不健全

一是管理制度不系统，不同制度之间缺乏有效衔接。农村住宅的相关规定分散于《中华人民共和国土地管理法》《中华人民共和国城乡规划法》等法律法规之中，存在衔接不力、不顺、不畅问题，迄今缺少法律层面的统一架构。

二是管理制度不完备，在某些环节或某个方面"缺位"。《村庄和集镇规划建设管理条例》缺乏整体和长远预测，与农民的经济承受能力、思想观念等存在较大偏差，未能回应其宅基地诉求。此外，《违反土地管理规定行为处分办法》对行政机关及其公务员、县级以上地方人民政府负有责任的领导人员明确了问责条款，但对镇、村干部行为缺乏"问责"约束，致使有些村集体对农民违法占地建房行为采取默许态度。

三是管理制度不明晰，实操性不强，落实落地困难。例如，《村庄和集镇规划建设管理条例》虽对农民建房作出了规定，但对违法行为的处理却因"裁执分离"、牵涉部门多、管理层次多而难以落实。再如，《中华人民共和国土地管理法》对农民违法占地建房行为虽有禁止条款，却面临无责任条款、无经济制裁标准和无强制手段的"三无"窘境。

4. 执法力量不足

执法力量包括权力要素、人力要素和财力要素等。现行法律把宅基地管理权集中在县级以上政府，镇、村、组职能缺失，有责无权、无力制止，导致"管得着看不见，看得见管不着"问题突出。此外，不少地方执法队伍力量薄弱、设备落后且手段单一，很难做到长期性、经常性执法，主要靠群众举报和上级督办后搞突击执法或运动式执法，而这易产生"执法空挡"，使一些农户心存侥幸、顶风突击，加建抢建，企图形成违法占地建房事实。

三、治理困境

1. 事前监管难：隐蔽性强，实时监控、预警成空谈

空间方面，存在违法占地建房现象严重的村庄一般地理位置偏远，农户居住零散，执法人员"罕至"。

时间方面，农村住房修建自主性强，建筑面积小，建筑周期短，且主要利用晚上、节假日、双休日等管理"空挡"挖地基、砌砖墙。

农户方面，违建户采取"游击"战术逃避执法人员监察或以"蚕食"方式乱搭乱建，或以产业结构调整为名私建简易房；其他普通农户对违法占地建房苗头多奉行"不得罪逻辑"，选择"冷"处理，不干预、不举报。

2. 事中制止难：制而不止，小问题易酿成大问题

由于违建房涉及切身利益，有些地方农民多采取"一闹、二磨、三合"策略来应对拆违。其中，"闹"是指农民在拆违现场哭诉求情，以便在广度上动员更多人参与进来或达成集体行动，在强度上引起更多人同情、怜悯并对拆违队伍不满；"磨"是指农民在政府部门准备拆违时心平气和地接受，但待其离场后又筹措人力物力违建；"合"是指农民合作抵抗政府的拆违行动，其主动性更强、社会影响更大且具有松散的组织色彩。

3. 事后处置难：利益调整错综复杂，牵一发动全身

在实际操作中，即使一些违法占地建房事实已被认定，但要妥善处理仍然十分棘手。例如，部分涉案农民仅有一处住房，若强制整体拆除，将直接导致其陷入贫困或无法生活；部分涉案农民的违建住房属于连体建筑物，若强行拆除易对建筑物的其他合法部分造成损坏，给非涉案农民带来经济损失，产生新的社会矛盾冲突。凡此等等，不一而足。

四、治理的基本原则

一是坚持系统治理，治理主体要从政府包揽转向政府与社会协同联动、共治共管。

二是坚持依法治理，治理方式要从管控规制转向法治保障，强化用法治思维和法治方式治理农民违法占地建房案件。

三是坚持分类治理，治理理念要从"一刀切""齐步走"转向根据不同地区的地理区位、村庄规模、地形特征、宅基地流转程度、宅基地确权进展、村级宅基地管理规定、民风民情、人文积淀等情况分类施策。

四是坚持有序治理，治理重心要从"眉毛胡子一把抓"、平均使力转向分清主次、突出重点。

五是坚持综合治理，治理手段要从单一手段转向诸如行政命令、法律规范、经济调节、社会秩序、道德约束、舆论引导、心理服务等多种手段综合运用。

五、对策建议

1. 创新政策法规宣传教育方式，公开打击重大案件，让农民"不敢、不想、不能"违法占地建房成常态

一是聚焦政策法规。不断创新形式、深化内容，打造新颖独特且通俗易懂的宣传教育活动，并积极拓展覆盖面和参与度，让更多农民最大限度地知晓、熟悉农村建房政策法规，引导他们知敬畏、存戒惧、守底线。

二是聚焦典型案件。坚持无禁区、全覆盖、零容忍，严厉打击重大、典型农村违法占地建房案件，通过面向社会公开立案、公开调查、公开处理以及公开曝光，形成"不敢违、不想违、不能违"的高压态势，达到打击一点、警示一片、震慑一方的效果。

2. 建立健全巡查制度和监察网络，强化社会监督与舆论监督，让违法占地建房行为和违规建筑无所遁形

一是采取综合巡查与专项巡查、重点巡查与一般巡查、常规巡查与突击巡查、明察与暗访等相结合的方式，提高农村违法占地建房巡查的灵活性、针对性和有效性。

二是充分应用卫星遥感、无人机、视频监控等现代科技手段，编织全覆盖、全天候、零死角监察农村违法占地建房现象的"天网"。

三是制定群众举报奖励制度，推进群防联防，编织联结政府部门、社会公众及新闻媒体的立体式监督网络。

3. 构建"内外联动、齐抓共管、处置高效"的执法协作机制，让部门协作实现有序化、规范化、刚性化

一是建立联席会议工作机制，定期通报联合执法开展情况，协调解决执法难题，强化相关部门间的联系和沟通。

二是建立信息互联互通机制，通过整合投诉举报、日常巡查、媒体曝光、视频监控、案件移送等发现问题的渠道，定期收集汇总、分析研判，及时、准确、全面实现信息共享。

三是建立执法保障机制，对违反治安管理法律法规、阻挠执法人员依法拆除违建的行为，依法严肃查处；构成犯罪的，依法追究刑事责任。

4. 加强顶层设计，着眼法律法规体系、政策体系、配套措施以及乡村空间规划体系，补牢制度"漏洞"

以系统完整、风险可控、权责对等、合理性、可行性以及可操作等为原则，立足农村土地管理与私人建房管理中那些根本性、全局性、稳定性和长期性的因素，锁定农村建房合理有序规范这一核心目标，抓实农民"户有所居"这一主要目标，兼顾节约集约利用土地资源、守牢耕地"红线"、确保粮食安全、减少土地纠纷等次要目标，从法律法规、政策措施、乡村规划等不同层面进行完善和衔接匹配。

产业发展

"后疫情"时期乘势而上推动乡村休闲旅游提质升级[①]

常态化防疫后乡村休闲旅游复苏其势已成、其时已至、其兴可待。从整体发展态势来看,我国乡村休闲旅游进入了"大旅游"时代,兼具市场规模大、投资力度大、社会影响大、地域范围大、转变程度大等特点。从疫后复苏态势来看,"五一"期间市民释放出较大的消费潜力,全国乡村休闲旅游业率先反弹、人气回暖,成为各地假日旅游新亮点。尽管乡村休闲旅游市场迎来短期反弹,显露出浴"疫"重生之势,但面临的新旧问题不容乐观,如大环境未彻底扭转,复工复产不完全;防疫成"持久战",民商事案件激增;"财力+疫情"制约,配套设施不全;缺乏创新思维,低水平同质现象严重;商业化开发过重,乡土气息日渐缺失等。为破局突围并乘势而上,乡村休闲旅游业应以未来要求现在,重点聚焦健康、安全、差异化和特色化,推进产品升级;聚焦精细化、智能化、标准化管理,促进服务升级;聚焦疫后线上线下全渠道跨端融合,推进营销升级。为保障乡村休闲旅游提质升级,让更多"头回客"变成"回头客",地方政府须以结果为导向、以问题为出发点,坚

[①] 本文原载于2020年5月12日《应对新冠肺炎疫情影响咨询报告之四十四》(中国农业科学院战略研究中心与中国农业发展战略研究院),作者为郭君平和赵一夫。

持疫情防控不松劲不懈怠，疏通交通"大动脉"与"微循环"，禁食野味、守护舌尖上的安全，构建行业纠纷多元化解决机制，以及强化旅游公共设施建设要素保障等。

当前，我国新冠肺炎疫情防控工作已从应急应战状态转入常态化新阶段，全国生产生活秩序加快恢复的态势渐趋明朗，各地乡村休闲旅游相继按下"重启键"或"加速键"，将逐渐成为新一轮旅游业蓄势发展的"主战场"。

一、新态势

近年乡村休闲旅游跨越发展其势已成，虽然新冠肺炎疫情对其造成了一定的负面冲击，但也起到了"磨刀石"的作用，总体上其时已至、其兴可待。

1. 整体发展态势：迈入更高层次和水平

自2017年以来，我国乡村休闲旅游开始呈现"井喷式"发展，逐渐从过去的"小旅游、中旅游"进入"大旅游"时代，集中体现在以下5个方面。

一是市场规模大。据初步测算，2019年，全国乡村休闲旅游接待游客达32亿人次，较2016年增长52.38%，营业收入超过8 500亿元，较2016年增长49.12%。

二是投资力度大。"十三五"时期，中央预算内投资累计安排278亿元，包括文化项目61亿元、遗产项目97亿元和旅游项目120亿元，其中近1/3与乡村休闲旅游相关。

三是社会影响大。过去10年，中共中央及有关部委发布有关乡村旅游的文件多达20多个，成为推动乡村旅游快速发展的主要力量。及至当前，新冠肺炎疫情阻击战促发了"新型消费革命"，游客对乡村休闲旅游的诉求有增无减。

四是地域范围大。即覆盖地域广、辐射范围大。目前全国休闲农业和乡村旅游示范县（市）达388个，聚集村超过9万个，美丽休闲乡村970个，美丽田园248个。

五是转变程度大。乡村休闲旅游从旅游业"配角"转向"主角"，从农民自发发展转向政府规划引导，从零星分布、分散经营转向集群分布、集约经营，从郊区和景区周边转向更多区域,从单一功能(产业)转向多功能(三产融合),从农户经营为主转向农民合作组织与社会资本共同经营。

2. 疫后复苏态势

春色满园关不住,乡村休闲旅游渐复苏。随着国内疫情防控形势持续向好,人们对健康生活环境、生活方式的需求日益提高,近期全国乡村休闲旅游凭借田野自然风光、休闲民宿、花海景观等的天然疗愈属性率先回暖,成为各地假日旅游新亮点。

从地方最新新闻报道和统计部门公布的数据来看,2020年"五一"期间乡村休闲旅游的人气"回暖",吸引了大量游客。例如,北京市乡村休闲旅游累计接待游客66.6万人,恢复至去年同期的23.2%,营业收入7 900万元,恢复至2019年同期的34.1%。广东省广州市共接待乡村休闲旅游游客249.14万人次,占全市游客接待量的47.22%(比2019年全年占比还高7个百分点)。江苏省南京市52家纳入大数据监测的乡村休闲旅游区接待游客85.5万人次,恢复到去年同期的88.9%。海南省儋州市乡村休闲旅游点共接待游客2.78万人次,营业收入为726.02万元,同比增长13.55%。浙江省杭州市40个村落型景点的乡村休闲旅游客流同比增长1.5%;宁波市(5月1—3日)接待乡村休闲旅游游客52.5万人次,营业收入达4 255.57万元,环比分别增长44%和98.5%。湖南省浏阳市接待乡村休闲旅游游客的人次约占总游客人次的90%。甘肃省临泽县共接待乡村休闲旅游游客3.53万人次,同比增长21.77%。

以上报道或信息披露报告虽只是"冰山一角",但"管中窥豹,可见一斑",全国实际情况或许更为乐观,这反映出新冠肺炎疫情防控常态化后广大市民有强烈的乡村休闲旅游愿望和巨大的消费潜力。加之乡村休闲旅游具有短时短途、自然环境好、人口密度低、户外活动为主、价格平民化等特点或比较优势,其实现新飞跃、打开新局面只是时间问题。

二、突出问题

尽管乡村休闲旅游市场迎来短期反弹,且显露出浴"疫"重生之势,但面临的形势依然严峻,一些老问题尚未解决,新问题已接踵而至,而且两相交织叠加，这无疑会减缓乡村休闲旅游业进一步复苏和迈向高质量发展的步伐。

1. 大环境未彻底扭转，复工复产不完全

目前，乡村休闲旅游实现全面复工复产的现实需求虽十分紧迫，但仍面临不少"梗阻"。一是审批程序复杂且时限长。根据各地要求，乡村休闲旅游经营主体须向政府上报申请书（表）、责任承诺书、员工信息表、工作方案、应急预案及社区（村庄）排查证明等，并经城管、卫健等多部门核准同意后才能复工。二是部分地区乡村休闲旅游业复工不复产，或复产率远低于复工率。三是有些地方各自为政（如健康码未互通互认）、互相封锁，阻碍了从业人员、游客和物资设备的畅通流动。

2. 防疫成"持久战"，民商事案件激增

疫情期间，乡村休闲旅游经营主体大部分处于停摆状态，由此引发了劳资纠纷、合同纠纷、金融借款纠纷、工伤补偿纠纷等诸多民商事案件。疫情后期，随着复工复产的持续推进，各地司法机关或仲裁机构将面临一波"受案潮"。而如何及时有效化解乡村休闲旅游行业各利益主体之间的矛盾纠纷，做到法律效果与社会效果相统一，将是一项重大挑战。

3. "财力+疫情"制约，配套设施不全

近年我国乡村休闲旅游虽发展迅猛，但相关设施建设尚处于初级阶段。目前多数县乡政府财力有限，大幅提高乡村休闲旅游投入基本力不从心，加之因疫情防控停工、停建，一些疫前启动的配套基础设施建设项目成为"半拉子工程"，使得不少乡村休闲旅游区域"吃、住、行、游、购、娱"等的相关配套设施不齐全，这在一定程度上降低了游客的满意度和回头率。

4. 缺乏创新思维，低水平同质现象严重

由于自主创新不足、急功近利和盲目跟风，很多地方乡村休闲旅游在定位上鲜有亮点。一方面，乡村休闲旅游产品服务同质化、资源业态类同化、开发模式单一化等现象普遍存在，难以满足"疫后"游客不断增长的"求新、求异、求趣"等高层次需求；另一方面，乡村休闲旅游点遍地开花、低水平重复建设，且规模都相对较小，难以形成有国内国际竞争力的区域品牌。

5. 商业化开发过重，乡土气息日渐缺失

乡村休闲旅游开发应着重体现"原汁原味"，即强调乡村特有的文化、情趣和格调，但在各地实践中并非如此。一是"乡村意象"保持不够，存在建筑城市化、活动商业化等"去农化"倾向，致使乡村休闲旅游点不土不洋、不城不乡、不伦不类，失去乡村"土味"本色。二是忽视乡村历史文化与民风民俗文化资源的挖掘、利用和保护，这不仅使乡村休闲旅游产品和服务缺乏文化内涵，也在某种程度上导致当地乡土文化长期处于高度濒危状态或加速失传、消亡。以上问题在"疫期"对市民有限的出游需求影响不大，但在"疫后"将成为他们是否选择乡村休闲旅游的关键决定因素之一。

三、升级之路

后疫情时期，乡村休闲旅游将经历启动恢复期、基本恢复期和全面恢复期3个阶段，当前已进入第一阶段。为破局突围并乘势而上，各地乡村休闲旅游业应以未来要求现在，以供给侧改革与消费新趋势为着眼点，加快提质增效升级。

1. 聚焦健康、安全、差异化和特色化，推进产品升级

一方面，历经此疫，游客更加注重健康与安全，因此须保证"食的健康"，减少病从口入的风险，尽可能满足游客对无公害食品、绿色食品、有机食品、药食同源食品等的消费诉求。另一方面，充分挖掘乡土文化内涵，突出地域特色与村庄原始风貌，防止千村一面和城市化翻版、简单化复制，同时坚持"保护性开发"原则，合理利用古建筑、民宅、文物、古树等村落资源，实现乡村休闲旅游差异化、特色化发展。

2. 聚焦精细化、智能化、标准化管理，促进服务升级

一是倡导乡村休闲旅游点采取错峰预约、限流分流、检查健康码、测量体温、佩戴口罩、设置排队间隔线等措施，加强疫情防控，严格按不超过游客最大承载量30%的标准控制游客人数。二是助推智能技术、数字化技术的深度运用，引导"智慧乡村休闲旅游+数字乡村休闲旅游"走向实践，鼓励乡村休闲旅游经营主体提供"无接触服务"，避免人际交叉感染。三是加强从业人员培训，以

"专业化、流程化、卫生化"为原则,对乡村休闲旅游服务供给进行标准化管理。

3. 聚焦疫后线上线下全渠道跨端融合,推进营销升级

线上,通过网络直播平台(如斗鱼 TV、虎牙直播、B 站直播等)、短视频平台(如抖音、秒拍、美拍等)、团购平台(如百度糯米、窝窝网、拉手网等)、社交平台(如微信、QQ、微博等)以及移动客户端 App(如"携程旅行""去哪儿旅行"等)等渠道,重点宣传乡村休闲旅游点的主要产品或服务及防疫措施、对从业人员的关怀、履行的社会责任等。线下,从主题提炼、体验线索设计、场景设计、体验氛围营造、活动策划和体验过程等方面强化乡村休闲旅游"体验营销",并在"疫后"因时制宜接续推出不同减免政策。

产业发展

新冠肺炎疫情对农户农旅收入的影响与应对建议[①]

从宏观视角来看,新冠肺炎疫情对农旅业的负面影响兼具后果严重性、时间持续性、区域差异性、业态差异性等多重特征;从微观视角考量,在新冠肺炎疫情的冲击下,农户农旅收入损失的多寡主要取决于疫情的持续时间、农户的收入结构和农旅的季节性特点。总体上,随着中央及各地的救市政策陆续出台,农旅业大概率在"五一"假期前开始复苏,但要恢复至疫前水平短期难度较大,尚需较长时间。为帮助农旅经营主体和从业农民将疫期的收入损失追补回来,未来须在"备""秀""转""活"上下功夫。

近年来,休闲农业和乡村旅游(简称农旅)展现出强大的生机和广阔的前景,已成为乡村产业的新亮点。据统计,2017年,我国农旅从业人员达900万人,同比增长6.51%;接待游客超28亿人次,同比增长33.3%;营收超7 400亿元,同比增长29.84%;带动700万户农民受益,同比增长4.17%。到2018年,全国农旅接待游客超30亿人次,营收超8 000亿元。至2019上半年,全国农旅从业人数886万人,同比增长7.6%;接待游客超15亿人次,占国内游客接待人次的49%;营收达8 600亿元,占国内旅游总收入的30.9%[②]。照此发展速度,农旅业能行稳致远。然而,2020年年初暴发的新冠肺炎疫情给农旅业带来一场

[①] 本文原载于2020年第6期《判断与思考》(中国农业科学院农业经济与政策顾问团),作者为郭君平和赵一夫。
[②] 数据来源:文化和旅游部发布的《全国乡村旅游发展监测报告(2017年度)》和《全国乡村旅游发展监测报告(2019年上半年)》。

下篇　战略分析

"急速冻"，游客数量出现"断崖式"下跌。

一、宏观视角：新冠疫情对农旅业的影响

通常情况下，农旅从业农户的收入水平与经营主体（企业、合作社及自营农户等）的经营效益、行业景气度等密切相关。农旅业景气度越好，经营主体获得良好经营效益的可能性越大，从业农户的收入水平越高，反之则反是。因此，为了解新冠肺炎疫情对农户农旅收入的影响，首先须深度剖析此次疫情给农旅行业带来的"危"与"机"。

1. "危"：负面影响的特点

一是后果的严重性。总体上，新冠疫情对农旅业的影响远超"非典"疫情，主要理由如下：一是相比"非典"疫情，新冠肺炎疫情的确诊人数更多、潜伏期更长、隐蔽性更强、传染性更高且控制难度更大。二是自武汉市"封城"后，全国各地陆续实施"封村封路"、交通管制、封闭隔离、设置关卡、延迟复工等严防严控措施，人员和物资流动受到更大范围、更大规模的限制。

二是时间的持续性。从时间维度考察，新冠肺炎疫情发展可分为潜伏、生成、暴发、衰退和消亡5个时期，其中不同阶段对农旅客流量的影响各异。类似，农旅业在全年范围内可分为旺季、平季和淡季3个时段，其中，4—5月、7—8月和10月属于旺季，11月到翌年1月属于淡季，其余月份为平季（2月、3月、6月和9月）。通过两相比对，不难发现新冠肺炎疫情的潜伏、生成、暴发基本发生在农旅的淡季和平季，而疫情的衰退、消亡很大程度上将出现在农旅的旺季。可见，新冠肺炎疫情对农旅业的影响具有明显的季节性差异。

三是区域的差异性。一方面，从各省的民宿客栈数量和"全国乡村旅游重点村"数量来看，云南、浙江、北京、四川、山东、福建、河北、广东、广西、湖南10个省（区、市）是我国"农旅强省"，而内蒙古、湖北、吉林、新疆、宁夏5个省（区）的农旅业较弱。另一方面，从新冠肺炎疫情的空间分布上看，长江中游城市群、中原城市群、成渝城市群、京津冀城市群、粤港澳大湾区城市群、长三角城市群六大城市群是疫情集聚区，其疫情确诊病例占全国的比重达90%。综合以上分析，上述城市群涉及的"农旅强省"首当其冲，受疫情影响最

大、最广，而上述城市群未涉及的"农旅弱省"所受的影响则相对最微弱。

四是业态的差异性。目前国内农旅主要有3种类型：一是以"农家乐"和聚集村为主的休闲旅游；二是以自然景观、特色风貌和人文环境为主的生态旅游；三是依托田园景观，以健康养生为主的休闲旅游。更进一步，从农旅的最新业态来看，主要有国家农业公园、休闲农场/休闲牧场、乡村营地/运动公园/乡村公园、乡村庄园/酒店/会所、乡村博物馆/艺术村、市民农园（社区支持农园）、高科技农园/教育农园、农家乐（含"洋家乐"）、乡村民宿以及文化创意"农园"等10种，其中，不同业态对客流空间流动的依赖程度各异。就此而言，新冠肺炎疫情造成的全国旅客流动性大减，重创了那些强烈依赖客流量或"以旅游为主、农业为辅"的农旅业态，但对那些较小依赖客流量或"以农业为主、旅游为辅"的农旅业态的影响不大。

2. "机"：可能蕴含的新机遇

疫情中期：倒逼农旅优胜劣汰、转型升级。近年来，我国农旅业虽发展迅猛，但普遍存在进入壁垒低、经营主体规模小、主题特色不鲜明、从业者素质能力低等问题。在此次疫情冲击下大浪淘沙，农旅业格局重新"洗牌"，供给侧质量将在一定程度上加速提升，集中体现在两方面：一是使抗风险能力小的经营主体或从业农户淘汰出局，二是倒逼实力较强的农旅经营主体转型升级，从业农户勤练内功。

疫情后期：农旅获得更多被选择的机会。在新冠肺炎疫情基本控制或结束后的一定时期内，由于生产生活秩序逐步恢复，被抑制的农旅消费需求开始不断释放，但是出于对疫情的惧怕心理和各地管制政策的担忧，城市居民为慎重起见多半不会将异地（或出境）中远程旅游作为首选。在此情形下，城市周边的短期、短途且低消费的农旅便会得到相对较多的替代机会，进而在危机中实现率先复苏。

疫情全程：农旅市场的需求潜力被激发。自新冠肺炎疫情发生以来，城市居民被"禁足""禁旅"了较长时间，其外出观光、休闲、度假的心理需求被严重压抑，但与此同时也激发了他们对"回归自然、健康生活"的重视和追求。经此一"疫"，山清水秀、生态优美的乡村环境对"久在樊笼里"的城市居民而言更具吸引力,因此待疫期结束农旅必将迎来更大的市场机遇,或成为市民户外远足、亲近自然、有氧运动、平衡生活的主要途径。

二、微观视角:疫情对农户农旅收入的影响

农户的农旅收入可划分为财产性收入(租金和分红)、工资性收入和经营性收入3种。在新冠肺炎疫情的肆虐冲击下,农户农旅收入损失的多寡主要取决于疫情的持续时间、农户的收入结构以及农旅的季节性特征等因素。

1. 对租金类财产性收入的影响

对于已和农旅经营主体(公司或合作社)签订土地或房屋租赁协议的农户,其租金收入在合同期内不受疫情影响。但是,对于有待续签土地或房屋租赁协议的农户,其租金收入在疫情结束之前将会因续约被无限期延迟而发生短期或长期"断档"。

2. 对分红类财产性收入的影响

对于通过以土地或房屋折股量化的形式与农旅经营主体建立紧密利益联结机制的农户,其分红收入将因农旅经营主体整体营收下降而减少。从疫情持续时间来看,疫情结束越晚,农户的年度分红收入将越少。据调查,目前北京市延庆区左邻右舍民宿因疫情影响导致农民分红减少30%左右,若疫情影响持续到五一假期,分红将减少60%以上。

3. 对工资性收入的影响

在农旅行业中,农户一般从事临时工、季节工、劳务派遣工、小时工等非正式工作,因此从疫情发展的不同阶段来看,其工资性收入在疫情前期因全部停工而缺失,在疫情中期因部分复工或间歇性复工而有所恢复,在疫情后期将因基本(全面)复工而逐渐回归常态甚至有所增长。但总体而言,今年农户的农旅工资性收入在很大程度上会同比下降。

4. 对经营性收入的影响

农旅的淡旺季非常明显,农旅经营性收入将因疫情结束时点不同而有所差异。目前,农户的农旅经营性收入在其间的损失已成定局,但未来"五一""暑

假""十一"是继春节后最重要的黄金时节，农户的农旅经营性收入很可能在"疫后"迎来恢复性增长，甚或实现年度"扭亏为盈"，但难以超过去年同期水平。据调查，受访农户对今年此项收入的预期各异，多数农户估计全年农旅经营性收入将减少30%~75%，也有一部分农户认为农旅经营性收入将损失80%，当然还有少量农户表示此项收入不受疫情影响。

三、综合判断及促进农旅复苏、农户增收的建议

农旅业何时"解冻"？需多久恢复元气？年内可恢复到何种程度？回答这些问题，须结合宏观经济运行状况、国内外新冠疫情的防控形势、城乡居民的生活理念变化以及农旅业的恢复力等诸多因素进行全面考量。其一，当前我国经济已进入中低速增长阶段，受贸易摩擦、单边主义盛行等不利因素影响，经济结构调整和增长动能切换正处于关键时期，有序推动各行业复工复产势在必行、迫在眉睫。其二，在中共中央、国务院高度重视、严防死守、强力控制下，疫情防控已取得显著成效，除湖北可能到4月底结束疫期外，其他省份3月底结束疫期，5月基本恢复正常。其三，随着可支配收入的提高和城乡空间距离的缩短，城市居民越来越向往乡村美丽的风景、宁静的环境、清新的空气、淳朴的生活以及人与自然和谐相处的状态。其四，2003年"非典"过后，旅游市场呈现"井喷"之势，以携程旅行网为例，其业务量从急刹车到复苏反弹未超过3个月；相较而言，当前农旅业的体量、结构、内生动力、外部发展条件等已发生巨变，其抗风险和修复能力得到较大提高，未来复苏可期。

综上所述，笔者认为，随着中央及各地的救市政策陆续出台，农旅业将大概率在"五一"假期前开始复苏，届时在整个旅游业中或成一枝独秀，但要恢复至疫前水平短期难度较大，尚需一年左右时间。有鉴于此，在当前及今后一段时期，如何化"危"为"机"，帮助农旅经营主体和从业农民将疫期的收入损失追补回来？可在"备""秀""转""活"上采取切实举措。

一是"备"。充分利用"停摆"期，为迎接农旅市场全面复苏和新增长提前做足准备。一方面，夯实"硬"基础，加快农村人居环境整治、基础设施建设、开发新产品、升级改造硬件设备等。另一方面，增强"软"实力，着力提升经

下篇　战略分析

营管理水平、培育农民从业素质、优化配套服务、加强品牌文化建设等。

二是"秀"。突破传统套路，创新宣传营销方式，充分发挥微信、微博、抖音、快手、秒拍、知乎、B站、小红书、今日头条等各种新媒体的宣传作用，将农旅特有的生产生活方式、乡村景观和田园风光"秀出来"，以满足城市居民对农旅的诸种美好想象，从而为疫情过后农旅再次起飞积攒人气、树立口碑。

三是"转"。引导农旅经营主体走以"内涵式发展"为途径的转型升级之路，逐步推动其由"重三产"转向"重一产"，"重投入"转向"重运营"，"重设施"转向"重内容"，"重数量"转向"重创意"，"重建设"转向"重市场"，以及"重短期"转向"重长远"。

四是"活"。对受疫情影响较大、暂时困难且有发展前景的农旅经营主体，要加大政策托底力度，保障基本生存能力。鼓励金融机构灵活采用延长还款期限、减免逾期利息或罚息、下调贷款利率、优化业务流程、开辟服务绿色通道、加大线上业务办理力度、简化授信申请材料、压缩授信审批时间、延期收取保费等方式，给予及时扶持，使其在特殊困难时期能够继续存活下来。

产业发展

日本蔬菜产业发展及其启示

"民以食为天,食以菜为先。"蔬菜是人类生活不可缺少的重要副产品[①],可提供人体必需的多种维生素、矿物质、碳水化合物、蛋白质和脂肪等,有助于维持人体酸碱平衡,促进消化、增进食欲,而且兼有医疗保健作用,但其生产受自然条件影响大、季节性强,具有鲜活易腐、需求弹性小、价格波动大的特性,其产品质量与安全性关乎国计民生[②][③],为推动中国蔬菜产业绿色、健康、可持续发展,中国农业科学院农业经济与发展研究所质量兴农调研组于2019年6月下旬考察了日本蔬菜产业发展状况。基于所获得的历史资料和最新数据,通过纵向对比分析,发现日本蔬菜生产、消费、国际贸易的变化特点、规律及其产业管理经验对中国具有一定启示意义。

一、日本蔬菜生产变化趋势

蔬菜生产在日本农业中占有重要地位[④],但是伴随工业、建筑和道路用地面积的增加,农业可耕地面积逐渐减少[⑤],加之劳动力相对不足、生产成本高企等原因,日本蔬菜的种植面积和产量产值总体呈现递减趋势。

1. 蔬菜种植总面积"20年连降"

受膳食结构、消费习惯等因素变化的影响,日本的蔬菜种植结构与中国不大

---

① 蔬菜大体分为生鲜蔬菜和加工蔬菜两种,加工蔬菜又包括冷冻蔬菜、盐腌蔬菜、调制蔬菜、干燥蔬菜和番茄加工制品等。
② 邵兵家,陈永福. 日本蔬菜价格稳定措施及其借鉴 [J]. 农村经济,1997 (2): 35-36.
③ 尚超,张佰清. 影响蔬菜质量的因素与解决建议 [J]. 农业经济,2011 (7): 19-20.
④ 目前,日本农家种植的蔬菜有34科129种154类,多数品种是从中国、欧美等引进。
⑤ 当前日本约有455万公顷耕地,205万户农户,其中,主业农户35万户,每户平均占有耕地约1.9公顷(合28.5亩)。

相同。按产值大小比较，日本果菜类主要以甜玉米、南瓜、黄瓜为主，叶菜类主要为甘蓝、洋葱、菠菜，根菜类和茎菜类主要为马铃薯、萝卜和胡萝卜。据日本农林水产省统计，1998—2017年，日本国内生产能力日益弱化，蔬菜种植总面积从509千公顷逐年减至406千公顷，降幅达20.24%，年均减少1.18%。

2. 不同指定蔬菜的种植面积变化差异明显

指定蔬菜是指市场消费量大且对稳定市价特别重要的蔬菜品种。日本全国性"指定蔬菜"[①]有14个品种，包括马铃薯、甘蓝、白萝卜、葱、叶用莴苣（生菜）、菠菜、胡萝卜、白菜、芋头、番茄、黄瓜、茄子、甜菜（红菜头）和青椒[②]。其中，马铃薯的种植面积最大，其次是甘蓝，再次是甜菜。2007—2017年，虽然指定蔬菜的种植面积整体呈减少趋势，但洋葱、卷心菜和生菜的种植面积却在增加；此外，葱种植面积减少率较小，芋头、茄子、黄瓜、萝卜（大根）等种植面积减少率较大。

3. 蔬菜总产量出现长时段"阶梯式下滑"

据日本农林水产省统计，1999—2017年日本蔬菜总产量下降了14.53%，但其变化轨迹可划分为以下5个阶段。

一是逐渐趋顶阶段，蔬菜产量从1998年的1 370万吨增至1999年的1 390万吨，约增长1.46%，此时出现拐点。

二是连续下降阶段，1999—2004年蔬菜总产量出现大幅度滑坡，降幅达11.22%，年均下降2.35%。

三是右斜"M"形微增阶段，蔬菜总产量小幅回弹，从2004年的1 234万吨增至2008年的1 255万吨，约增长1.70%。

四是短期突降阶段，2008—2010年蔬菜总产量降幅为6.53%，年均下降3.32%。

五是平稳波动阶段，2010—2017年蔬菜总产量基本稳定在1 180万吨上下。

---

① 日本的"指定蔬菜"包括4类：一是全国性的"指定蔬菜"（14个品种），二是都道府县的"特定蔬菜"（25个品种），三是5个县的"特别认可菜"（3个品种），四是用于存储调剂的"重要供需调整蔬菜"（4个品种）。

② 陈永福，马国英．日本稳定蔬菜价格的制度机制评价及启示［J］．日本学刊，2012（1）：65-77.

产业发展

4. 蔬菜总产值及其占农业总产值比重"双降"

据日本农林水产省统计，2016年，日本蔬菜总产值约为25 567亿日元，占农业总产值的27.8%[1]，超过大米，仅次于畜牧业，位居第二。2017年，日本蔬菜总产值约为24 508亿日元（较2016年减少1 059亿日元），占农业总产值的26.4%，同比下降1.4个百分点。

二、日本蔬菜消费变化趋势

与中国、美国、英国、意大利等诸多国家一样，日本国民蔬菜消费状况主要受可支配收入、市场价格、消费习惯或方式等因素的影响，且不断向少量化、多样化、优质化、营养化及周年化发展。

1. 人均年蔬菜摄入量呈"逐浪下降"之势

蔬菜是民众的基础性食物，但随着生活水平的提高，民众的消费重心逐渐转向其他高档食品。据日本农林水产省统计，日本人均年蔬菜摄入量从1999年的103千克降至2010年的88千克（转折点），年均下降1.42%；然后，人均年蔬菜摄入量开始反弹，逐年攀升至2012年的94千克（转折点），年均增长3.35%；此后又不断降至2016年的89千克（转折点），年均下降1.36%；及至2017年，人均年蔬菜摄入量再次增至91千克，增幅为2.25%，出现"翘尾"现象。尽管如此，1999—2017年日本人均年蔬菜摄入量下降了11.65%。

2. 人均年黄绿色蔬菜摄入量短期波动剧烈但长期趋增

以黄色为主的蔬菜有南瓜、黄色甜椒、黄色西葫芦等，富含类胡萝卜素，可延缓皮肤衰老、预防胃（乳腺）癌且对脾、胰有益。以绿色为主的蔬菜有菠菜、芹菜、青椒等，富含类胡萝卜素和维生素C，具有抗氧化及保护肝脏和眼睛的作用[2]。据日本农林水产省统计，2001—2017年，日本人均年黄色和绿色蔬菜摄入量从26.6千克微增至26.9千克，总体增长了1.13%。其间，2010年人均年黄色

---

[1] 分品种来看，2016年，日本番茄、葱、黄瓜、甘蓝、萝卜（大根）、洋葱、菠菜、生菜及其他蔬菜产值占蔬菜总产值的比重分别为10.1%、6.7%、6.0%、5.0%、4.7%、4.2%、4.2%、3.8%和10.3%。

[2] 蔬菜按颜色不同可划分为绿色、黄色、红色、紫色和白色5种。

和绿色蔬菜摄入量降至"谷底"（24.5 千克）；2012 年人均年黄色和绿色蔬菜摄入量达到"顶峰"，并延续至 2013 年，均为 27.7 千克。

3. 人均年蔬菜消费支出长期持平后随人口下降逐年攀升

据日本总务省统计调查，1999—2017 年日本人均年蔬菜消费支出总体增长了 61.81%，但其变化轨迹同样可分为两个阶段：一是总体持平阶段。1999—2009 年日本总人口波动幅度极小，人均年蔬菜消费支出基本维持在 1 000 日元左右；二是稳步攀升阶段。伴随总人口开始逐年减少，日本人均年蔬菜消费支出从 2009 年的 981 日元逐渐增至 2010 年的 1 521 日元，增幅达 55.05%。

4. 人均日蔬菜摄入量不足且随年龄不同呈阶段性变化

据日本厚生劳动省统计，2017 年日本人均日蔬菜摄入量为 265.9 克，离目标摄取量（成人 350 克）尚相差较大。分年龄段考察，1~6 岁儿童的人均日蔬菜摄入量仅 149 克，7~14 岁、15~19 岁和 20~29 岁人群的人均日蔬菜摄入量依序递减，30~39 岁、40~49 岁、50~59 岁以及 60~69 岁人群的人均日蔬菜摄入量渐次递增，70 岁以上老人的人均日蔬菜摄入量略有下降，但仍保持较高水平（300.6 克）。总体呈两大特征：一是 49 岁及以下人群的人均日蔬菜摄入量均低于平均水平；二是各年龄段人群的人均日蔬菜摄入量均低于目标摄取量，即日本国民蔬菜摄入量不足。

三、日本蔬菜国际贸易变化趋势

1. 进口变化

日本蔬菜进口始于 20 世纪 60 年代，70 年代至 1985 年是冷冻蔬菜大量进口期，蔬菜进口量猛增，进口品种和对象国不断增多[①]。及至 90 年代，日本蔬菜自给率虽仍高于 90%，但中国已成为其最大蔬菜进口来源国。进入 21 世纪后，日本蔬菜越来越依赖进口，市场结构更趋多元。据日本财务省贸易统计，2007—2018 年日本蔬菜进口量和进口额均呈"逐浪上升"之势。蔬菜进口量从 2007 年的

---

① 王国华. 日本蔬菜进口的历史回顾与现状分析 [J]. 时代经贸, 2012 (8): 105-106.

251万吨增至2018年的293万吨，增幅高达20.68%；蔬菜进口额从3 886亿日元增至5 072亿日元。其间，2009年，受农药残留问题及其他因素的影响，日本蔬菜进口量和进口额持续减少，分别降至218万吨和3 063亿日元（出现拐点）；2015年和2016年，受"肯定列表制度"实施的影响，日本蔬菜进口量明显下降，分别减至258万吨和263万吨，但进口额出现先增后减现象；2017年日本蔬菜自给率降至78%，蔬菜进口量和进口额分别为275万吨和4 904亿日元；2018年，日本蔬菜进口量和进口额均再创历史新高，其中生鲜蔬菜主要从中国、美国、新西兰、墨西哥和韩国进口，冷冻蔬菜主要来自中国、美国、加拿大、泰国和新西兰，而盐渍蔬菜主要来自中国、泰国、越南、俄罗斯和印度尼西亚等国家。

2. 出口变化

日本蔬菜出口量和出口额变化轨迹和程度不同，且蔬菜出口地理分布渐趋均衡化。从出口额来看，日本蔬菜出口额呈右斜"V"形增长之势，即从2007年的77亿日元降至2011年的50亿日元后，又增至2018年的143亿日元，总体增长85.71%；从出口量来看，日本蔬菜出口量呈反"N"形增长之势，总体增幅为21.74%，具体而言，从2007年的23千吨降至2012年的11千吨（下降52.17%），而后增至2016年的43千吨（增长2.91倍），最后降至2018年的28千吨（下降34.88%）；从出口国或地区来看，日本蔬菜主要向中国台湾出口，但近年向中国台湾出口的蔬菜量下降显著，与之相反，向中国香港和韩国出口的蔬菜量有所增加。

四、日本发展蔬菜产业的经验做法

为谋求蔬菜充分供应、价格稳定并保护菜农积极性，日本政府探索了一系列管理办法，其成功经验可总结、归纳如下：一是运用法律手段规避蔬菜生产受人为污染[①]。二是应用农业防治、物理防治、生物防治、合理化学防治等无害化综合措施防治蔬菜病虫害。三是引进、研发新技术、新材料、新工艺及新设备，促进蔬菜种植、田间管理、收获、贮藏、运输等环节机械化。四是规定政府的农业

---

① 闵跃中，中条秀俊.中日两国蔬菜生产与流通的比较与建议[J].长江蔬菜，2000（11）：9-10.

技术推广部门负责指导农户按技术规范从事蔬菜生产。五是适时休耕和轮作，恢复土壤肥力，减少病虫害种类和数量积累。六是创立蔬菜"三指定"产销办法及价格稳定制度（包括计划性生产与销售调整、应急管理及订单蔬菜价格补贴）和稳定基金[1]。七是蔬菜批发市场由公立经营，生产者通过农业协会与批发市场交涉，并委托运输公司将蔬菜运送到批发市场[2]。八是通过立法或限制进口、建立进口许可制度、数量（价格）限制、反倾销等贸易保护非关税措施，达到保护国内蔬菜生产的目的[3]。

五、对中国蔬菜产业发展的启示

作为蔬菜生产、消费和贸易大国，中国蔬菜产业正面临市场分化、生产盲目、结构调整等诸多困境[4]，因此了解、掌握日本蔬菜生产、消费、贸易等方面的变化趋势和规律，可为中国蔬菜产业转型升级提供一些有益启示。

1. 保安全、提品质、调结构，顺应蔬菜消费升级趋势

蔬菜消费从追求"数量"到追求"品质"已成为必然趋势，因此在蔬菜种植时，必须更加注重"绿色生态、安全健康"，强化蔬菜产品的质量保障、安全认证和追溯监督体系建设；同时按照市场需求，优化蔬菜品种结构并调整种植面积，减少常见品，增加特色品，最大限度满足广大市民对蔬菜产品的多样性需求。

2. 引进、研发技术设备，促进生产省时、省力、高效

由于农业劳动力不断减少，日本为确保全年稳定供应新鲜蔬菜，通过推广应用新技术、新工艺、新设备，使蔬菜生产有很大发展。鉴于此，我国可从两方面着手：一是引进日本领先世界的设施园艺和地膜覆盖栽培技术、温室环境计算机

---

[1] 黄晓芬. 日本东京都稳定蔬菜价格波动的经验借鉴 [J]. 上海蔬菜, 2014 (6)：1-3.
[2] 穆月英. 日本蔬菜流通体系的启示——基于对批发市场与农户的调研 [J]. 中国蔬菜, 2013 (1)：9-12.
[3] 齐洪华, 郭晶. 日本农产品价格支持政策评析及借鉴 [J]. 价格理论与实践, 2011 (10)：45-46.
[4] 王志刚, 李腾飞, 孙云曼. 日本蔬菜价格稳定制度探析 [J]. 现代日本经济, 2013 (5)：20-26.

综合调控技术、工厂化育苗和机器人嫁接技术以及机械化生产和植物工厂模式。二是立足社会和市场需求,自主研发先进实用的技术和设备,解决实践中制约蔬菜产业发展的关键问题,使生产过程指标化、数量化、省工省力、易操作。

3. 积极发展对日本蔬菜出口,争夺日本蔬菜市场制高点

鉴于中日蔬菜自给率差异很大,中国尤其是东部沿海地区可根据对日本蔬菜出口具体品目的竞争力和日本国需求动向,抢抓机遇,进一步扩大对外开放,及时调整种植结构(可试种日本的品种),利用日本技术或与日本公司联合种植培养出适合日本人口味的蔬菜,以巩固和扩展中国蔬菜在日本市场的份额,获取更高收益。

下篇 战略分析

做强做大做优冷链物流　促进农产品优质优价[①]

我国农产品种类繁多、分布广泛且生产消费量大,其质量优劣、价格高低不仅直接影响人民群众的身体健康与生活品质,更关乎国民经济发展和社会稳定。然而,由于农产品的易腐性、鲜活性、时效性等特征,以及防腐保鲜技术落后,冷链流通率、冷藏运输率双低,致使农产品的质量安全难以得到有效保障,更勿论获得合理的市场价格。当前,优质农产品搭乘"互联网+"快车远销全国各地已非新鲜事,但如何为源头农产品的质量和价值保驾护航以实现优质优价一直是农村电商的痛点,而做强、做优冷链物流正是其破解之道,意义重大。

一、基本状况

农产品优质优价涵盖"优产、优购、优储、优加、优销"等各个环节,其中"优储""优加"和"优销"在很大程度上均须通过冷链物流在最大限度内延长农产品的保鲜期和供货期才能得以实现。农产品冷链物流由冷冻(预冷)加工、冷冻贮藏、冷藏运输及配送、冷冻销售4个方面构成,具有时效性强、消耗量大、实施难度大以及经济属性鲜明等特点。它既可减少或延缓农产品质量的损耗,最大限度维持农产品营养和品质(如色泽、多汁性、质地、嫩度、pH值、气味、滋味等)的相对稳定,也可防止病原微生物、生物毒素等有害物质的污染,保障农产品的安全性、商品价值和经济价值。据食品工业协会食品物流专业会统计,我国每年果品腐烂损失1 200万吨,蔬菜腐烂损失1.3亿吨,按平均1元/千克测算,经济损失超过1 000亿元/年;肉类、水产品的腐损率分别为12%

[①] 本文原载于2019年第5期《研究简报》(中国农业科学院农业经济与发展研究所),作者为郭君平、曲颂和夏英。

和15%，而果蔬流通腐损率更是高达20%~30%，是欧美发达国家的4~5倍。

党的十八大以来，随着消费结构升级换代，居民对冷链农产品的需求日趋旺盛和高端化，特别是对果蔬、肉禽、水产等鲜活农产品的品质要求大幅提升，加之在中央和地方政府一系列强有力的政策引导下，我国农产品冷链物流呈规模性快速增长。据《2018年中国农产品冷链物流发展报告》显示，2010年我国果蔬、肉类、水产品冷链流通率分别仅有5%、15%、23%，冷藏运输率分别仅有15%、30%、40%；至2015年，冷链流通率分别达到22%、34%、41%，冷藏运输率分别为35%、57%、69%，超出了我国"十二五"冷链物流规划目标；2017年，我国生鲜产品（如肉、蛋、奶、果蔬、水产品等）规模超过13亿吨，达到13.28亿吨；同年，农产品冷链物流总额达到4万亿元，占全国物流总额252.8万亿元的1.58%。展望未来，随着农产品冷链物流的重要性逐渐被消费者认识，全社会对"优质优价"农产品的需求将不断增长，进而倒逼农产品冷链物流体系和骨干网络加快发展。

二、问题与困境

自2004年中央一号文件提出关注生鲜产品物流运输问题以来，累计15年的中央一号文件有14次提及相关行业。其间，尽管农产品冷链物流获得了政策红利带来的发展机遇，但由于是高投资、高技术、高维护、低回报的"三高一低"的基础性行业且起步较晚、基础薄弱，迄今仍处于"看着热、干着冷"的状态，在新形势下面临不少问题和困境，在一定程度上影响了农产品优质优价政策的落实和成效。

1. 冷链物流基础设施陈旧功能难以支撑行业快速发展

一是硬件运输设备和基础设施匮乏、老化严重。当前，我国人均冷库和冷藏车保有量分别不足美国的1/5、1/10；一些大型农产品批发市场、区域性农产品配送中心等关键物流节点承担全国70%以上生鲜农产品批发交易功能，却缺少冷冻冷藏设施；现有的国有冷库中，近50%已使用30年以上，冷冻冷藏设施亟待更新。二是冷库结构性矛盾突出，功能失衡。主要表现为"八多八少"：土建式冷库多，装配式冷库少；存储型冷库多，流通型冷库少；经营型冷库多，加工类

下篇 战略分析

冷库少；冷冻库多，保鲜库少；肉类冷库多，果蔬类冷库少；销地冷库多，产地冷库少；东部冷库多，中西部冷库少；公共冷库多，企业自用冷库少。

2. 第三方冷链物流企业发展远滞后于市场需求

一方面，现有冷链物流业以竞争力弱、人才不足、业务同质化、经销规模小且管理模式落后的中小企业为主，缺乏资金技术实力雄厚、创新带动力强的第三方冷链物流龙头企业引领。目前，第三方物流企业能提供的综合性全程服务不足总体需求的5%，其中专门针对农产品的冷链物流服务更是微乎其微。另一方面，第三方冷链物流行业集中度较低（专业第三方冷链物流仅占20%），企业运营成本高，服务网络和信息系统不健全，严重影响了农产品物流的在途质量、准确性和及时性。

3. 冷链物流标准不统一，服务规范体系不健全

在党和政府及社会各界的共同努力下，冷链物流的标准化取得长足进步，但与市场需求尚有较大差距。突出体现在冷链物流环节中约束市场主体的标准规范体系亟待完善和统一，部分已制定实施的标准规范大多是推荐性标准，存在严重的执行偏差，部分领域的权威标准迫切需要确立，冷链运输、仓储等环节的标准规范衔接不紧密。

4. 技术装备水平相对滞后，信息化普及程度较低

一方面，生鲜农产品产后预冷技术和低温环境下的分等分级、包装加工等商品化处理手段尚未普及，运输环节温度控制手段原始粗放，全程温度自动控制未得到广泛应用，而且一些包含共同配送的先进组织形式和新型冷链物流技术仍在探索推广阶段。另一方面，车辆定位、温度监控等信息化设备应用不足，仓储、运输、订单等的信息化管理系统仍未大范围普及，企业缺少覆盖冷链物流全链条的信息化监控手段，致使冷链"不冷"、交叉污染等隐患较多。

5. 冷链物流行业监管机制乏力，关键措施不到位

一是我国冷链物流呈"小、散、乱"特征，行业集中度低（2018年其运输及仓储环节的CR10占6.34%），信用体系不健全，存在"劣币驱逐良币"现象。二是覆盖全链条的监管体系尚未形成，以致农产品的生产、贮藏、运输、销售、温控、制冷等环节缺乏强有力的监管，促使冷链物流"断链"。

三、政策建议

缘于前述诸多问题，现阶段我国冷链物流难以满足广大消费者对优质优价农产品的需求，亟须做强、做大、做优。当前，应充分发扬内部优势，抓牢外部机遇，合理规避或弱化劣势引致的不良影响，用好"快"字诀，念好"稳"字经，推动冷链物流进一步"热"起来，补齐优质农产品产地"最初一公里"和城市配送"最后一公里"的短板，以形成有利于增加优质农产品供给的价格机制。

1. 强化舆论宣传，提升公众认知，助推科学管理

大力宣传"全程冷链"的重要性，提高公众的冷链物流意识和政府主管部门、行业协会对冷链物流的重视程度。引导企业立足国情、继承创新、补短强基，树牢"打铁必须自身硬"理念，不断提质降耗、降本增效、转型升级及追赶超越，坚持向专业化的冷链物流方向发展。加强消费者对农产品冷链物流的认知度，分清有无冷链情况下农产品的品质差异及其引致的价格差异。

2. 多路径新建或盘活基础设施，提高运营效率

充分激发市场主体活力，引导社会资本参与农产品冷链物流基础设施建设，鼓励物流龙头企业自建或委托第三方建设冷藏、冷冻设施。对产地集散市场和销地批发市场等具有民生性、公益性物流节点的农产品冷藏设施建设，在用地价格、规费及基金缴纳、税收减免、财政补贴等方面给予优惠待遇或政策倾斜。积极发挥行业协会联系政府、企业和市场的桥梁纽带作用，通过有效整合和优化匹配车、货、库等各类冷链物流资源，形成布局合理、覆盖广泛、衔接顺畅的农产品冷链物流网络，最大限度满足农户、个体运输户（摊贩）、贩销大户、经纪人、专业合作社、物流企业以及批发商等农产品物流主体的需求。

3. 以精细化、信息化、智能化促进流程管理

通过一系列互相关联、衔接有序的处理程序，统筹管理农产品冷链物流各环节所需的设施设备、人力资源、信息技术、标准法规等资源。重构冷链物流标准化体系，确保农产品冷链物流的基础设施、技术及操作标准化。面向市场需求，

下篇　战略分析

加快冷链物流高技能专业人才培养；发展"互联网+"冷链物流，增进区域间、政企间、企业间的数据交换和监测信息、监管信息及主体信息共享，深化冷链基础设施等资源综合利用，助推冷链物流全程监控（可视化）、追溯与查验系统建设，打破"信息孤岛"。强化冷链物流信息智能处理和物流安全风险管理。建立健全冷链物流企业准入、诚信认证与资质认证机制。完善政策法规体系，制定新鲜农产品冷链温度法。

4. 聚焦创新商业运作模式，加速促进转型升级

遵循政府宏观调控和物流主体微观协调的原则，围绕多元化和个性化冷链服务需求，创新农产品供应链一体化、网络化的现代冷链物流模式，鼓励推出冷链共同配送、"生鲜电商+冷链宅配""中央厨房+食材冷链配送"等新模式。通过联运机制和区域冷链网格，加强农产品冷链物流的整体规划和上下游之间的衔接整合，精简、疏通流通环节和物流交易次数，保证易腐农产品时效性。加快培育一批设施先进、标准严格、操作规范、运营稳定的第三方甚至第四方冷链物流企业，提高冷链物流效率。

总而言之，发展冷链物流与农产品优质优价相辅相成、互相促进，前者有助于后者顺利实现，后者可倒逼前者不断壮大。经过多年的市场培育和理念传播，农产品冷链物流方兴未艾，渐成"新蓝海"。然而，在巨大的市场需求面前，还需政府、协会、企业各负其责，横向、纵向、立体同步整合，标准、认证、运营依次推进，质检、冷链、追溯融为一体，物流、生产、交易相互衔接，按照"以点带链，由易到难"的总体思路，加速推动农产品冷链物流建设驶入"快车道"，促使其质量安全管理迈向新高度，确保消费者的"菜篮子"供给足、质量优、价格合理，同时带动农业企业增效、农民持续增收，以补偿生产者对高使用价值、高效用农产品的成本与投入。

其他专题

开封市实施乡村振兴的经验与启示[①]

一、基本概况

河南省开封市立足区位、人文、资源等禀赋优势,在2018年启动了乡村振兴"1+6"示范带建设,探索符合实际、体现特色和彰显文化的乡村振兴之路。至2021年,示范带建设取得显著进展,荣获"2019年度中国三农创新十大榜样"称号,已成为开封市的一二三产融合示范区、文脉传承示范区及全域旅游示范区。

开封市乡村振兴"1+6"示范带位于开港经济带国家产城融合示范区和郑汴港协同发展核心区,共涉及开封市鼓楼区、祥符区的1个镇、1个乡、1个街道办事处、14个村和1个居委会,占地56.69平方千米,覆盖人口3.68万人。从发展内涵看,"1+6"示范带,即坚持一个战略(乡村振兴战略),推进规划引领示范、产业融合示范、环境整治示范、文化振兴示范、乡村治理示范及改革创新示范6个方面的探索。

[①] 本文原载于2021年第11期《判断与思考》(中国农业科学院农业经济与政策顾问团),作者为郭君平、曲颂、夏英和王明昊。

下篇 战略分析

二、主要做法

通过抓牢"产业兴旺"牛鼻子,做足"农"文章,盘活"文"资源,培育"旅"品牌,发展研学体验,强化科技支撑,提升治理效能,开封市乡村振兴"1+6"示范带创新发展了"农业+文化+旅游+研学+科技+治理"的融合发展模式。

1. 推动"三规合一",助力乡村振兴有章可循

坚持顶层设计与基层探索相结合、专家意见与群众意愿相结合、通盘考虑与点位突破相结合、村容村貌整治与户容户貌整治相结合、城乡一体村庄布局与因村制宜相结合,以村庄规划为引领、产业规划为动力、国土整治规划为基础,强化功能叠加。一是编制村庄规划。注重保留村庄原始风貌,不搞大拆大建,发展有历史记忆、地域特色和民族特点的美丽乡村。二是编制产业规划。按照"注入产业、强基固本、带动发展"的思路,分别编制了西姜寨乡现代农业产业园、田园综合体、家庭农场、乐田共享农庄及余店乡村乐园等产业项目规划。三是编制国土整治规划。通过开展全域国土综合整治试点工作,整合建设用地、盘活闲置土地,进一步提高耕地与基本农田质量。

2. 探索"三产融合",激活乡村振兴发展动能

以"现代农业产业、农文旅产业和新村民计划"为重点内容打造现代农业产业园区,将西姜寨乡现代农业产业园打造成转型升级的现代农业样板、提质增效的三产融合标杆及辐射带动的农业产业核心区。在西姜寨乡设置传统手工作坊片区,为工匠家庭建设专门的前店后坊式工作坊,为剪纸、官窑、汴绣、木版印年画、面塑、泥塑、草编等手工艺从业者、爱好者提供综合服务平台,丰富开封的旅游文化,带动百姓致富。打造乡村农文旅融合区,精心布局一心(田园综合体配套核心)、一园(现代农业产业园)、一环(西姜寨乡—朱仙镇农文旅综合服务环)、三区(文化产业集聚区、十八弯文化旅游核心区及生态颐养区)、一带(十八弯历史文化带)、一基地(青少年研学基地),创新休闲(体验)农业、乡村旅游、餐饮民宿等新模式新业态。

3. 注重"三方参与",凝聚乡村振兴强大合力

政府发挥"制导"和"引导"的作用,在乡村振兴"1+6"示范带的建设过程中,政府主要负责发展定位、规划审核、政策支持、部分公共基础设施建设及财力保障。以企业为引领,撬动社会资本。开封市成立了两个合资公司(爱思嘉农旅公司和大宏农旅公司),分别负责不同区域乡村振兴项目的策划、建设和运营。坚持以农民为主体,使农民由"冷眼看"(旁观者)变成"热心干"(主体力量),建设精品民宿和美好住家户,改造美丽庭院,引导村民参与。

4. 部署"三片联动",挖掘乡村振兴文化内涵

立足3个试点片区的联动发展,探索建设美丽乡村与保护生态环境同频共振,质量、效益同步提升的村庄繁荣之路。其中,鼓楼区余店村以美食和民俗文化为主题,主打"民俗余店"品牌,发展民宿经济或城市近郊游。西姜寨乡以"田园风光和孝贤文化"为主题,主打"大美西姜寨"品牌,发展乡村游、休闲观光游和研学游。朱仙镇以"文化旅游、非遗文化"为主题,主打"千年古镇"品牌,充分发挥非物质文化遗产的资源优势。

5. 破解"三大难题",优化乡村振兴要素配置

坚持"内培外引"并重,培育、支持农村本土"领头雁"和"千里马","外引"离退休或现职干部下乡、企业家兴乡、大学生回乡、专业技术人员入乡、外出创业人员返乡、本村贤达助乡等"六乡行动"。挖潜土地高效利用,推进"三权分置",放活土地经营权,向上争取国土综合整治试点项目,优化国土空间布局和生态修复健全投入机制。增加财政投入,市、区两级财政每年按土地出让金收益的10%列入预算,同时优化财政供给结构,加大项目整合和强化金融助推,解决"钱从哪来"的问题。

6. 紧抓"三建合一",健全乡村振兴治理体系

坚持党建引领定方向,加强党对乡村振兴的集中统一领导,指导解决重大问题。县乡党委均成立乡村振兴指挥部,做实党建引领治理有效。坚持"村建"聚力强基础,探索发展"四队三会一社"(党建服务队、夕阳红志愿队、树木管护队、青年突击队、文明新风促进会、乡贤联谊会、老兵协会及孝贤社),不断

完善村民自治机制，促使群众"民心"向"党心"汇聚。坚持"家建"夯基树新风，突出家教家训，每户实行"户长制"，树立良好家规，涵养文明习惯，夯实新风根基。开展"美丽庭院""好媳妇""好婆婆"等评比表彰，引导村民追求、崇尚先进，画好乡村治理"同心圆"。

三、重要启示

新时代中国乡村振兴既无完整模式可鉴，亦无现成路径可走。开封市坚持守正创新、强基补短，全力推动乡村振兴"1+6"示范带建设，通过以点带面、串珠成链，改善了农村"颜值"，厚植了农业"家当"，提升了农民"底气"。开封市乡村振兴"1+6"示范带的目标定位越来越精准、发展路径越来越清晰、改革成效越来越显著。

从开封市的经验做法中可得出以下启示：第一，坚持因地制宜，统筹规划精心部署，绘好乡村振兴之"图"。第二，健全创新机制，促进三产融合发展，夯实乡村振兴之"基"。第三，注重引进人才，着眼培育本土人才，打造乡村振兴之"军"。第四，挖掘文化内涵，树立文明乡风民风，传承乡村振兴之"魂"。第五，践行绿色发展，强化生态环境保护，塑美乡村振兴之"形"。第六，强化党建引领，聚焦基层组织建设，筑牢乡村振兴之"垒"。

附 录

中共中央 国务院关于实现巩固拓展脱贫攻坚成果同乡村振兴有效衔接的意见

（2020年12月16日）

打赢脱贫攻坚战、全面建成小康社会后，要进一步巩固拓展脱贫攻坚成果，接续推动脱贫地区发展和乡村全面振兴。为实现巩固拓展脱贫攻坚成果同乡村振兴有效衔接，现提出如下意见。

一、重大意义

党的十八大以来，以习近平同志为核心的党中央把脱贫攻坚摆在治国理政的突出位置，作为实现第一个百年奋斗目标的重点任务，纳入"五位一体"总体布局和"四个全面"战略布局，作出一系列重大部署和安排，全面打响脱贫攻坚战，困扰中华民族几千年的绝对贫困问题即将历史性地得到解决，脱贫攻坚成果举世瞩目。到2020年我国现行标准下农村贫困人口全部实现脱贫、贫困县全部摘帽、区域性整体贫困得到解决。"两不愁"质量水平明显提升，"三保障"突出问题彻底消除。贫困人口收入水平大幅度提高，自主脱贫能力稳步增强。贫困地区生产生活条件明显改善，经济社会发展明显加快。脱贫攻坚取得全面胜利，提前10年实现《联合国2030年可持续发展议程》减贫目标，实现了全面小

附 录

康路上一个都不掉队，在促进全体人民共同富裕的道路上迈出了坚实一步。完成脱贫攻坚这一伟大事业，不仅在中华民族发展史上具有重要里程碑意义，更是中国人民对人类文明和全球反贫困事业的重大贡献。

脱贫攻坚的伟大实践，充分展现了我们党领导亿万人民坚持和发展中国特色社会主义创造的伟大奇迹，充分彰显了中国共产党领导和我国社会主义制度的政治优势。脱贫攻坚的伟大成就，极大增强了全党全国人民的凝聚力和向心力，极大增强了全党全国人民的道路自信、理论自信、制度自信、文化自信。

这些成就的取得，归功于以习近平同志为核心的党中央坚强领导，习近平总书记亲自谋划、亲自挂帅、亲自督战，推动实施精准扶贫精准脱贫基本方略；归功于全党全社会众志成城、共同努力，中央统筹、省负总责、市县抓落实，省市县乡村五级书记抓扶贫，构建起专项扶贫、行业扶贫、社会扶贫互为补充的大扶贫格局；归功于广大干部群众辛勤工作和不懈努力，数百万干部战斗在扶贫一线，亿万贫困群众依靠自己的双手和智慧摆脱贫困；归功于行之有效的政策体系、制度体系和工作体系，脱贫攻坚政策体系覆盖面广、含金量高，脱贫攻坚制度体系完备、上下贯通，脱贫攻坚工作体系目标明确、执行力强，为打赢脱贫攻坚战提供了坚强支撑，为全面推进乡村振兴提供了宝贵经验。

脱贫摘帽不是终点，而是新生活、新奋斗的起点。打赢脱贫攻坚战、全面建成小康社会后，要在巩固拓展脱贫攻坚成果的基础上，做好乡村振兴这篇大文章，接续推进脱贫地区发展和群众生活改善。做好巩固拓展脱贫攻坚成果同乡村振兴有效衔接，关系到构建以国内大循环为主体、国内国际双循环相互促进的新发展格局，关系到全面建设社会主义现代化国家全局和实现第二个百年奋斗目标。全党务必站在践行初心使命、坚守社会主义本质要求的政治高度，充分认识实现巩固拓展脱贫攻坚成果同乡村振兴有效衔接的重要性、紧迫性，举全党全国之力，统筹安排、强力推进，让包括脱贫群众在内的广大人民过上更加美好的生活，朝着逐步实现全体人民共同富裕的目标继续前进，彰显党的根本宗旨和我国社会主义制度优势。

附 录

二、总体要求

（一）指导思想

以习近平新时代中国特色社会主义思想为指导，深入贯彻党的十九大和十九届二中、三中、四中、五中全会精神，坚定不移贯彻新发展理念，坚持稳中求进工作总基调，坚持以人民为中心的发展思想，坚持共同富裕方向，将巩固拓展脱贫攻坚成果放在突出位置，建立农村低收入人口和欠发达地区帮扶机制，健全乡村振兴领导体制和工作体系，加快推进脱贫地区乡村产业、人才、文化、生态、组织等全面振兴，为全面建设社会主义现代化国家开好局、起好步奠定坚实基础。

（二）基本思路和目标任务

脱贫攻坚目标任务完成后，设立5年过渡期。脱贫地区要根据形势变化，理清工作思路，做好过渡期内领导体制、工作体系、发展规划、政策举措、考核机制等有效衔接，从解决建档立卡贫困人口"两不愁三保障"为重点转向实现乡村产业兴旺、生态宜居、乡风文明、治理有效、生活富裕，从集中资源支持脱贫攻坚转向巩固拓展脱贫攻坚成果和全面推进乡村振兴。到2025年，脱贫攻坚成果巩固拓展，乡村振兴全面推进，脱贫地区经济活力和发展后劲明显增强，乡村产业质量效益和竞争力进一步提高，农村基础设施和基本公共服务水平进一步提升，生态环境持续改善，美丽宜居乡村建设扎实推进，乡风文明建设取得显著进展，农村基层组织建设不断加强，农村低收入人口分类帮扶长效机制逐步完善，脱贫地区农民收入增速高于全国农民平均水平。到2035年，脱贫地区经济实力显著增强，乡村振兴取得重大进展，农村低收入人口生活水平显著提高，城乡差距进一步缩小，在促进全体人民共同富裕上取得更为明显的实质性进展。

（三）主要原则

——坚持党的全面领导。坚持中央统筹、省负总责、市县乡抓落实的工作机

附　录

制,充分发挥各级党委总揽全局、协调各方的领导作用,省市县乡村五级书记抓巩固拓展脱贫攻坚成果和乡村振兴。总结脱贫攻坚经验,发挥脱贫攻坚体制机制作用。

——坚持有序调整、平稳过渡。过渡期内在巩固拓展脱贫攻坚成果上下更大功夫、想更多办法、给予更多后续帮扶支持,对脱贫县、脱贫村、脱贫人口扶上马送一程,确保脱贫群众不返贫。在主要帮扶政策保持总体稳定的基础上,分类优化调整,合理把握调整节奏、力度和时限,增强脱贫稳定性。

——坚持群众主体、激发内生动力。坚持扶志扶智相结合,防止政策养懒汉和泛福利化倾向,发挥奋进致富典型示范引领作用,激励有劳动能力的低收入人口勤劳致富。

——坚持政府推动引导、社会市场协同发力。坚持行政推动与市场机制有机结合,发挥集中力量办大事的优势,广泛动员社会力量参与,形成巩固拓展脱贫攻坚成果、全面推进乡村振兴的强大合力。

三、建立健全巩固拓展脱贫攻坚成果长效机制

(一) 保持主要帮扶政策总体稳定

过渡期内严格落实"四个不摘"要求,摘帽不摘责任,防止松劲懈怠;摘帽不摘政策,防止急刹车;摘帽不摘帮扶,防止一撤了之;摘帽不摘监管,防止贫困反弹。现有帮扶政策该延续的延续、该优化的优化、该调整的调整,确保政策连续性。兜底救助类政策要继续保持稳定。落实好教育、医疗、住房、饮水等民生保障普惠性政策,并根据脱贫人口实际困难给予适度倾斜。优化产业就业等发展类政策。

(二) 健全防止返贫动态监测和帮扶机制

对脱贫不稳定户、边缘易致贫户,以及因病因灾因意外事故等刚性支出较大或收入大幅缩减导致基本生活出现严重困难户,开展定期检查、动态管理,重点监测其收入支出状况、"两不愁三保障"及饮水安全状况,合理确定监测标准。

建立健全易返贫致贫人口快速发现和响应机制，分层分类及时纳入帮扶政策范围，实行动态清零。健全防止返贫大数据监测平台，加强相关部门、单位数据共享和对接，充分利用先进技术手段提升监测准确性，以国家脱贫攻坚普查结果为依据，进一步完善基础数据库。建立农户主动申请、部门信息比对、基层干部定期跟踪回访相结合的易返贫致贫人口发现和核查机制，实施帮扶对象动态管理。坚持预防性措施和事后帮扶相结合，精准分析返贫致贫原因，采取有针对性的帮扶措施。

（三）巩固"两不愁三保障"成果

落实行业主管部门工作责任。健全控辍保学工作机制，确保除身体原因不具备学习条件外脱贫家庭义务教育阶段适龄儿童少年不失学辍学。有效防范因病返贫致贫风险，落实分类资助参保政策，做好脱贫人口参保动员工作。建立农村脱贫人口住房安全动态监测机制，通过农村危房改造等多种方式保障低收入人口基本住房安全。巩固维护好已建农村供水工程成果，不断提升农村供水保障水平。

（四）做好易地扶贫搬迁后续扶持工作

聚焦原深度贫困地区、大型特大型安置区，从就业需要、产业发展和后续配套设施建设提升完善等方面加大扶持力度，完善后续扶持政策体系，持续巩固易地搬迁脱贫成果，确保搬迁群众稳得住、有就业、逐步能致富。提升安置区社区管理服务水平，建立关爱机制，促进社会融入。

（五）加强扶贫项目资产管理和监督

分类摸清各类扶贫项目形成的资产底数。公益性资产要落实管护主体，明确管护责任，确保继续发挥作用。经营性资产要明晰产权关系，防止资产流失和被侵占，资产收益重点用于项目运行管护、巩固拓展脱贫攻坚成果、村级公益事业等。确权到农户或其他经营主体的扶贫资产，依法维护其财产权利，由其自主管理和运营。

附　录

四、聚力做好脱贫地区巩固拓展脱贫攻坚成果同乡村振兴有效衔接重点工作

（六）支持脱贫地区乡村特色产业发展壮大

注重产业后续长期培育，尊重市场规律和产业发展规律，提高产业市场竞争力和抗风险能力。以脱贫县为单位规划发展乡村特色产业，实施特色种养业提升行动，完善全产业链支持措施。加快脱贫地区农产品和食品仓储保鲜、冷链物流设施建设，支持农产品流通企业、电商、批发市场与区域特色产业精准对接。现代农业产业园、科技园、产业融合发展示范园继续优先支持脱贫县。支持脱贫地区培育绿色食品、有机农产品、地理标志农产品，打造区域公用品牌。继续大力实施消费帮扶。

（七）促进脱贫人口稳定就业

搭建用工信息平台，培育区域劳务品牌，加大脱贫人口有组织劳务输出力度。支持脱贫地区在农村人居环境、小型水利、乡村道路、农田整治、水土保持、产业园区、林业草原基础设施等涉农项目建设和管护时广泛采取以工代赈方式。延续支持扶贫车间的优惠政策。过渡期内逐步调整优化生态护林员政策。统筹用好乡村公益岗位，健全按需设岗、以岗聘任、在岗领补、有序退岗的管理机制，过渡期内逐步调整优化公益岗位政策。

（八）持续改善脱贫地区基础设施条件

继续加大对脱贫地区基础设施建设的支持力度，重点谋划建设一批高速公路、客货共线铁路、水利、电力、机场、通信网络等区域性和跨区域重大基础设施建设工程。按照实施乡村建设行动统一部署，支持脱贫地区因地制宜推进农村厕所革命、生活垃圾和污水治理、村容村貌提升。推进脱贫县"四好农村路"建设，推动交通项目更多向进村入户倾斜，因地制宜推进较大人口规模自然村（组）通硬化路，加强通村公路和村内主干道连接，加大农村产业路、旅游路建

设力度。加强脱贫地区农村防洪、灌溉等中小型水利工程建设。统筹推进脱贫地区县乡村三级物流体系建设，实施"快递进村"工程。支持脱贫地区电网建设和乡村电气化提升工程实施。

（九）进一步提升脱贫地区公共服务水平

继续改善义务教育办学条件，加强乡村寄宿制学校和乡村小规模学校建设。加强脱贫地区职业院校（含技工院校）基础能力建设。继续实施家庭经济困难学生资助政策和农村义务教育学生营养改善计划。在脱贫地区普遍增加公费师范生培养供给，加强城乡教师合理流动和对口支援。过渡期内保持现有健康帮扶政策基本稳定，完善大病专项救治政策，优化高血压等主要慢病签约服务，调整完善县域内先诊疗后付费政策。继续开展三级医院对口帮扶并建立长效机制，持续提升县级医院诊疗能力。加大中央倾斜支持脱贫地区医疗卫生机构基础设施建设和设备配备力度，继续改善疾病预防控制机构条件。继续实施农村危房改造和地震高烈度设防地区农房抗震改造，逐步建立农村低收入人口住房安全保障长效机制。继续加强脱贫地区村级综合服务设施建设，提升为民服务能力和水平。

五、健全农村低收入人口常态化帮扶机制

（十）加强农村低收入人口监测

以现有社会保障体系为基础，对农村低保对象、农村特困人员、农村易返贫致贫人口，以及因病因灾因意外事故等刚性支出较大或收入大幅缩减导致基本生活出现严重困难人口等农村低收入人口开展动态监测。充分利用民政、扶贫、教育、人力资源社会保障、住房城乡建设、医疗保障等政府部门现有数据平台，加强数据比对和信息共享，完善基层主动发现机制。健全多部门联动的风险预警、研判和处置机制，实现对农村低收入人口风险点的早发现和早帮扶。完善农村低收入人口定期核查和动态调整机制。

附　录

（十一）分层分类实施社会救助

完善最低生活保障制度，科学认定农村低保对象，提高政策精准性。调整优化针对原建档立卡贫困户的低保"单人户"政策。完善低保家庭收入财产认定方法。健全低保标准制定和动态调整机制。加大低保标准制定省级统筹力度。鼓励有劳动能力的农村低保对象参与就业，在计算家庭收入时扣减必要的就业成本。完善农村特困人员救助供养制度，合理提高救助供养水平和服务质量。完善残疾儿童康复救助制度，提高救助服务质量。加强社会救助资源统筹，根据对象类型、困难程度等，及时有针对性地给予困难群众医疗、教育、住房、就业等专项救助，做到精准识别、应救尽救。对基本生活陷入暂时困难的群众加强临时救助，做到凡困必帮、有难必救。鼓励通过政府购买服务对社会救助家庭中生活不能自理的老年人、未成年人、残疾人等提供必要的访视、照料服务。

（十二）合理确定农村医疗保障待遇水平

坚持基本标准，统筹发挥基本医疗保险、大病保险、医疗救助三重保障制度综合梯次减负功能。完善城乡居民基本医疗保险参保个人缴费资助政策，继续全额资助农村特困人员，定额资助低保对象，过渡期内逐步调整脱贫人口资助政策。在逐步提高大病保障水平基础上，大病保险继续对低保对象、特困人员和返贫致贫人口进行倾斜支付。进一步夯实医疗救助托底保障，合理设定年度救助限额，合理控制救助对象政策范围内自付费用比例。分阶段、分对象、分类别调整脱贫攻坚期超常规保障措施。重点加大医疗救助资金投入，倾斜支持乡村振兴重点帮扶县。

（十三）完善养老保障和儿童关爱服务

完善城乡居民基本养老保险费代缴政策，地方政府结合当地实际情况，按照最低缴费档次为参加城乡居民养老保险的低保对象、特困人员、返贫致贫人口、重度残疾人等缴费困难群体代缴部分或全部保费。在提高城乡居民养老保险缴费档次时，对上述困难群体和其他已脱贫人口可保留现行最低缴费档次。强化县乡两级养老机构对失能、部分失能特困老年人口的兜底保障。加大对孤儿、事实无人抚养儿童等保障力度。加强残疾人托养照护、康复服务。

（十四）织密兜牢丧失劳动能力人口基本生活保障底线

对脱贫人口中完全丧失劳动能力或部分丧失劳动能力且无法通过产业就业获得稳定收入的人口，要按规定纳入农村低保或特困人员救助供养范围，并按困难类型及时给予专项救助、临时救助等，做到应保尽保、应兜尽兜。

六、着力提升脱贫地区整体发展水平

（十五）在西部地区脱贫县中集中支持一批乡村振兴重点帮扶县

按照应减尽减原则，在西部地区处于边远或高海拔、自然环境相对恶劣、经济发展基础薄弱、社会事业发展相对滞后的脱贫县中，确定一批国家乡村振兴重点帮扶县，从财政、金融、土地、人才、基础设施建设、公共服务等方面给予集中支持，增强其区域发展能力。支持各地在脱贫县中自主选择一部分县作为乡村振兴重点帮扶县。支持革命老区、民族地区、边疆地区巩固脱贫攻坚成果和乡村振兴。建立跟踪监测机制，对乡村振兴重点帮扶县进行定期监测评估。

（十六）坚持和完善东西部协作和对口支援、社会力量参与帮扶机制

继续坚持并完善东西部协作机制，在保持现有结对关系基本稳定和加强现有经济联系的基础上，调整优化结对帮扶关系，将现行一对多、多对一的帮扶办法，调整为原则上一个东部地区省份帮扶一个西部地区省份的长期固定结对帮扶关系。省际间要做好帮扶关系的衔接，防止出现工作断档、力量弱化。中部地区不再实施省际间结对帮扶。优化协作帮扶方式，在继续给予资金支持、援建项目基础上，进一步加强产业合作、劳务协作、人才支援，推进产业梯度转移，鼓励东西部共建产业园区。教育、文化、医疗卫生、科技等行业对口支援原则上纳入

附 录

新的东西部协作结对关系。更加注重发挥市场作用,强化以企业合作为载体的帮扶协作。继续坚持定点帮扶机制,适当予以调整优化,安排有能力的部门、单位和企业承担更多责任。军队持续推进定点帮扶工作,健全完善长效机制,巩固提升帮扶成效。继续实施"万企帮万村"行动。定期对东西部协作和定点帮扶成效进行考核评价。

七、加强脱贫攻坚与乡村振兴政策有效衔接

(十七)做好财政投入政策衔接

过渡期内在保持财政支持政策总体稳定的前提下,根据巩固拓展脱贫攻坚成果同乡村振兴有效衔接的需要和财力状况,合理安排财政投入规模,优化支出结构,调整支持重点。保留并调整优化原财政专项扶贫资金,聚焦支持脱贫地区巩固拓展脱贫攻坚成果和乡村振兴,适当向国家乡村振兴重点帮扶县倾斜,并逐步提高用于产业发展的比例。各地要用好城乡建设用地增减挂钩政策,统筹地方可支配财力,支持"十三五"易地扶贫搬迁融资资金偿还。对农村低收入人口的救助帮扶,通过现有资金支出渠道支持。过渡期前3年脱贫县继续实行涉农资金统筹整合试点政策,此后调整至国家乡村振兴重点帮扶县实施,其他地区探索建立涉农资金整合长效机制。确保以工代赈中央预算内投资落实到项目,及时足额发放劳务报酬。现有财政相关转移支付继续倾斜支持脱贫地区。对支持脱贫地区产业发展效果明显的贷款贴息、政府采购等政策,在调整优化基础上继续实施。过渡期内延续脱贫攻坚相关税收优惠政策。

(十八)做好金融服务政策衔接

继续发挥再贷款作用,现有再贷款帮扶政策在展期期间保持不变。进一步完善针对脱贫人口的小额信贷政策。对有较大贷款资金需求、符合贷款条件的对象,鼓励其申请创业担保贷款政策支持。加大对脱贫地区优势特色产业信贷和保险支持力度。鼓励各地因地制宜开发优势特色农产品保险。对脱贫地区继续实施企业上市"绿色通道"政策。探索农产品期货期权和农业保险联动。

（十九）做好土地支持政策衔接

坚持最严格耕地保护制度，强化耕地保护主体责任，严格控制非农建设占用耕地，坚决守住18亿亩耕地红线。以国土空间规划为依据，按照应保尽保原则，新增建设用地计划指标优先保障巩固拓展脱贫攻坚成果和乡村振兴用地需要，过渡期内专项安排脱贫县年度新增建设用地计划指标，专项指标不得挪用；原深度贫困地区计划指标不足的，由所在省份协调解决。过渡期内，对脱贫地区继续实施城乡建设用地增减挂钩节余指标省内交易政策；在东西部协作和对口支援框架下，对现行政策进行调整完善，继续开展增减挂钩节余指标跨省域调剂。

（二十）做好人才智力支持政策衔接

延续脱贫攻坚期间各项人才智力支持政策，建立健全引导各类人才服务乡村振兴长效机制。继续实施农村义务教育阶段教师特岗计划、中小学幼儿园教师国家级培训计划、银龄讲学计划、乡村教师生活补助政策，优先满足脱贫地区对高素质教师的补充需求。继续实施高校毕业生"三支一扶"计划，继续实施重点高校定向招生专项计划。全科医生特岗和农村订单定向医学生免费培养计划优先向中西部地区倾斜。在国家乡村振兴重点帮扶县对农业科技推广人员探索"县管乡用、下沉到村"的新机制。继续支持脱贫户"两后生"接受职业教育，并按规定给予相应资助。鼓励和引导各方面人才向国家乡村振兴重点帮扶县基层流动。

八、全面加强党的集中统一领导

（二十一）做好领导体制衔接

健全中央统筹、省负总责、市县乡抓落实的工作机制，构建责任清晰、各负其责、执行有力的乡村振兴领导体制，层层压实责任。充分发挥中央和地方各级党委农村工作领导小组作用，建立统一高效的实现巩固拓展脱贫攻坚成果同乡村振兴有效衔接的决策议事协调工作机制。

附 录

(二十二) 做好工作体系衔接

脱贫攻坚任务完成后,要及时做好巩固拓展脱贫攻坚成果同全面推进乡村振兴在工作力量、组织保障、规划实施、项目建设、要素保障方面的有机结合,做到一盘棋、一体化推进。持续加强脱贫村党组织建设,选好用好管好乡村振兴带头人。对巩固拓展脱贫攻坚成果和乡村振兴任务重的村,继续选派驻村第一书记和工作队,健全常态化驻村工作机制。

(二十三) 做好规划实施和项目建设衔接

将实现巩固拓展脱贫攻坚成果同乡村振兴有效衔接的重大举措纳入"十四五"规划。将脱贫地区巩固拓展脱贫攻坚成果和乡村振兴重大工程项目纳入"十四五"相关规划。科学编制"十四五"时期巩固拓展脱贫攻坚成果同乡村振兴有效衔接规划。

(二十四) 做好考核机制衔接

脱贫攻坚任务完成后,脱贫地区开展乡村振兴考核时要把巩固拓展脱贫攻坚成果纳入市县党政领导班子和领导干部推进乡村振兴战略实绩考核范围。与高质量发展综合绩效评价做好衔接,科学设置考核指标,切实减轻基层负担。强化考核结果运用,将考核结果作为干部选拔任用、评先奖优、问责追责的重要参考。

决战脱贫攻坚目标任务胜利完成,我们要更加紧密地团结在以习近平同志为核心的党中央周围,乘势而上、埋头苦干,巩固拓展脱贫攻坚成果,全面推进乡村振兴,朝着全面建设社会主义现代化国家、实现第二个百年奋斗目标迈进。